紫微閣詩

紫微楊 著

作者簡介

楊君澤先生，人稱「紫微楊」，精通多門中國術數，對「紫微斗數」及風水學均別具心得，「紫微楊」之名早已不脛而走。在香港喜研術數者，幾乎無人不識。

楊君本身為一名報人，曾任本港多間報社編輯（包括《明報》編輯主任），以研究術數為業餘興趣。他退休經已三十年，年近九十耄耋之年，仍閉門沉醉於研究術數為樂事。

紫微楊共有九部著作，其早期的八本已合而成為「紫微楊．術數系列」，極為暢銷。現再在晚年重新修訂他的九本著作，將合而成為新的「紫微楊．術數系列」，由天地圖書重新出版，堪稱難得之作。

心古不投塵世好　道高方信布衣尊

紫微楊近照，其身旁之對聯為已故國學大師饒宗頤教授所書贈紫微楊者。

蔡序

《周禮》云：「保章氏，掌天星，以志星辰日月之變動，以觀天下之遷，辨其吉凶。以星土辨九州之地所封，封域皆有分星，以觀妖祥。以十有二歲之相，觀天下之妖祥；以五雲之物，辨吉凶、水旱、降豐荒之祲象。」是占星之術，於周文王時已略具規模。其後諸名家，積其經驗，歷春秋、戰國、秦、漢而唐、宋，遂精益求精。紫微斗數，亦因紫微垣之測定，而自成一家焉。

紫微垣於曆法亦頗有關係，此曆學與術數，本源一家之故。《周禮》之馮相氏，掌曆法，而輔保章氏以占星，故《周禮》「春官宗伯」云：「馮相氏，掌十有二歲，十有二月，十有二辰，十日，二十有八星之位，辨其敘事，以會天位。冬夏致日，春秋致月，以辨歲時之敍。」可知曆學與占星之關係。

楊子喜以紫微數理觀測人生之得失，其所言頗含哲理，讀之發人深省。今輯為《紫微閒話》，將付剞劂，囑為之序，因綴數言。

蔡伯勵

乙丑孟冬吉日

何序

懂得起紫微斗數的星盤，未必懂得紫微斗數。紫微斗數的難處，在於了解星曜的組合，從而推算運命的吉凶。坊間很多斗數書籍，只懂得堆砌口訣，對於星曜的性情，闕然不具。讀者就只能生吞活剝，知其然而不知其所以然。斗數的學問，因而停滯不進。

《紫微閒話》一出，可以補這方面的不足。

《紫微閒話》用小品文的方式描寫星曜的性情，又把星曜的性情用到人情世故上，語淺義深，讀下回味無窮。《紫微閒話》是一套參透斗數而成的哲理寶鑒，有如《中庸》之說《周易》。

《紫微閒話》的作者楊君澤先生，就是人所熟知的「紫微楊」。楊先生是斗數泰斗，推理詳實，觀察入微，素為我輩悅服。難得楊先生毅然公開多年積聚的心得，嘉惠後學。研究紫微斗數的朋友，不可不看《紫微閒話》。

何文匯博士

自序

《紫微閒話》全書完成於一九八五年及出版，距今已達三十餘年，亦曾經過兩次的修訂。

《紫微閒話》的內容，源出於我在一九八五年於《明報》寫的同名專欄。

《紫微閒話》是以紫微斗數內所藏的人生哲理來作題材，當時在《明報》連載刊出，頗受讀者歡迎。所以在《紫微閒話》這個專欄寫完後，《明報》力邀我繼續寫有關術數的專欄，我在《明報》工作到一九八九年退休，但退休後仍獲《明報》邀我繼續寫專欄，結果寫到一九九五年才真正擱筆，前後合共寫了八本書，連同後來在二〇〇七年《蘋果日報》寫的《紫微徑》，我便一共有了九本著作，現在獲「天地圖書公司」

的青睞，將九本書重新修訂，並會合而成新的一套「紫微楊．術數系列」。

本來我退休多年，人已變得懶散，但在天地圖書公司的曾協泰先生及陳儉雯小姐的力邀之下，終於又重新修訂我的舊作出版。

此書在一九八五年距今三十年前出版時，榮獲中文大學教授何文匯博士及已故曆法及堪輿學大師蔡伯勵老師寫來兩篇序文，至今仍銘感於心。

同時此書之能夠重新修訂出版，亦有賴「天地圖書公司」出版部編審人員的努力，在此致以深切謝意。

紫微楊謹識

己亥年初春吉日

目錄

第二章　閒話紫微玄學

第三章　閒話世情人生

附錄：

第一章

閒話星曜宮度

大限

紫微斗數的星盤，共有十二宮，每十年移一宮，稱為一個大限。以一般人來說，走了六七個宮度之後，就已大限難逃了。極少能十二宮都走遍的，除非能有一百二十歲以上。

看着紫微斗數的宮度，寫在紙上的只是一個個的方格，走完六、七個方格，任是蓋世英雄、絕代美人，也已進入暮景了。

六、七十年說來似乎很長，但從歷史來看則是彈指之間已經飛過，是非成敗都已轉頭空。自古以來多少帝皇將相，如今安在！不是都逃不過那幾個格子。但「人生不滿百，常懷千歲憂」，是人性弱點之一，然後才有「恩仇抵死分」。學術數，能悟出很多道理，做人灑脱點，對名利淡泊點，縱使在術數方面未能登峰造極，然已得回一定的代價。但不少人學了多年的術數，仍忘不了錙銖為利，是欠缺悟性，也缺少慧根。

「古今多少事，都付笑談中」；在名利場中拚個你死我活的人，可有午夜靜想一下的時間？

吉凶之間

衣食足然後知榮辱，是人性的一個特點。

在紫微斗數中，各星所處的宮度，以光芒度為根據，訂有「廟」與「陷」等的名稱，在最光的位置是廟，最暗的位置是陷。而廟與陷是判斷吉凶的一個重要尺度。

廟者是有人供奉之意；吉星走入廟宮，當然更吉，凶星進入廟宮，雖凶亦不凶。

而陷者就是窮途末路之意，變了吉不為吉，而凶就更凶了。

一個窮兇極惡的人，如果他生活無憂，兇惡的程度會大減。相反的如果他陷入絕境，兩餐不繼，必然兇性大發，作惡多端。

但賦性善良的人，處於生活無憂的環境當然最好，但若不幸陷入絕境，也有機會變質而幹起壞事來。由此啓示，可知道一個社會要安定，社會福利有不容忽視的重要性。星象如此，人事如此！救困解厄，雖說是協助了人，但同時也造福了自己，此所以「為善最樂」。

陷宮

在紫微斗數中，各星曜在陷宮的表現，往往比在其他宮度更為強烈，也可說更着重的去發揮本身的個性。

陷宮這個名詞，可以顧名思義，是陷落的意思，正在失意的境地。

太陰星守命的女性，一般來說是漂亮的，但在陷宮守命者比在廟宮守命者更為漂亮，而且太陰星的個性亦會盡量發揮出來。

至於其他星曜，亦作如此觀。

合理的解釋是，當一個人環境極為富裕之時，他未必會力求盡展所長，但當一個人環境惡劣，為了謀生及改善生活，不管有甚麼本領，只要自己能做到的，都會盡量要出來！廣東人所說的「發財立品」，說真的是遮掩了本性，只拿一點外表漂亮的東西出來給人看。相反的，在掙扎求存之時，又如何會有那麼多的顧忌！

甚至對文人來說，也有同樣的情況，否則何以有「文窮而後工」之說！

財帛宮

對紫微斗數各宮的安排，如果你研究斗數多年的話，當會發現它是很有道理的。

先說財帛宮，它的對宮就是福德宮，會照到命宮及事業宮。從這個啓示，財帛宮的美惡，首先對一個人的福澤出現最大的影響，其次影響及個人的意志與事業。

財帛宮遇到空劫或化忌等星，破了大財後必然影響事業，也會影響一個人今後的決策及思想。再如財帛宮無財，則一貧如洗的人，在那個期間如何會有事業？福澤劇烈降低也是必然的事。

「人太窮則無志」，所以，在極窮苦的環境，仍無損於個人意志的，自非凡品。

紫微斗數興於宋代，出於道家，而當時對財一事已有這樣的認識。今日香港，旨在發財的人特多，自是難怪。「富貴如龍，游出五湖四海；貧窮似虎，杜絕九族六親。」對富貴與貧窮兩個極端的描寫，既是感慨也使人聽來戰慄。

紫微斗數的十二宮度，各有其意義存在。但一般人算斗數，多是側重看事業宮如何、財帛宮如何等，而特別容易忽略的就是奴僕宮（亦稱友僕宮或交友宮）。

武曲星守奴僕宮，古有偏多賣友之客之說，這種人在一生中，經常會遇到被朋友出賣事。除此之外，如空劫、化忌等星進入奴僕宮，也多是不妙的！如被朋友拖累等。交友要謹慎，古有明訓，而一般算命者亦喜以此勸人，確是雖不中亦不遠。

所以，不少人吃盡朋友之虧，受過苦頭之後，然後知道知己良朋之難得。深明「人生得一知己死而無憾」並不誇張。

「春冰薄，人情更薄，登天難，求人更難。」是自古以來都未有改變之事。

如果你懂得術數或較為世故的話，不論奴僕宮是否武曲相守或有化忌星存在，對朋友的期望低一點，總會減少許多失望和煩惱，生活也可能更寫意。

事業宮

事業宮（又稱官祿宮）的對宮就是夫妻宮，會照到財帛宮與命宮，這也是很有意義的。

紫微斗數以對宮的影響力最大，會照的影響力較次。所以夫妻宮的好壞，就直接影響及事業宮。

以男士來說，夫妻宮需要的是寧靜及和氣。太太是否美麗、能幹尚屬其次，最重要的是持家有方及寧靜祥和。

廣東人說的「家和萬事興，家衰口不停」，就已暗示了家庭如果日吵夜吵，必然會帶來衰運。撇開算命不談，以邏輯來說，如果兩口子一見面就吵個天翻地覆，做丈夫的如何能「寧靜致遠」，對事業有影響，已屬必然之事。

而事業宮同時會照到命宮與財帛宮，是因為一個人的創業，除了要有財運的支持外，更必需配合個人的興趣、意志及性格等，然後有成。

中國的術數，有其本身的邏輯。而古代的邏輯，用於今日的社會，不少仍具一定的價值，足以發人深思。是為可貴之處。

大局

紫微斗數的論斷，不能單憑一顆星曜來說，是需要整個格局來介說的。

譬如說貪狼星在寅宮，號稱風流彩杖，其實相等於子平身旺之說。

但有陀羅在寅，則必是乙年出生者，祿存星臨於卯宮，擎羊星臨於辰宮。辰宮亦即為福德宮，必有紫微天相兩星相守，而對宮是破軍星，分處天羅地網宮。這樣的福德宮，一生的風浪已較常人為大，今再加擎羊進去，紫微星既要制止擎羊的凶燄，更要照顧對宮的破軍，情形當然比較只照顧破軍為狼狽。

但這種人，不可以福薄而推，只是風浪較大而已，因為有祿蔭夾印的味道（天梁化權在巳，天機化祿與祿存在卯，夾着辰宮的天相）。

這才是論斗數之道，有如下棋，不能以一子一宮而論。應顧及整個大局，只論某宮某星，太易流於偏執了。

吃虧是福

日前，與星晨旅遊公司的老闆林金文先生小敍，他說自從悟到了「吃虧是福」的道理之後，對自己的事業有了很大的幫助。

「吃虧是福」在今日時下的青年來說，可能無法明白其中的道理。特別是香港人大多認為「執輸行頭，慘過敗家」，只有嫌自己不夠鋒利、不夠精明，如何可以解釋「吃虧是福」。

在紫微斗數中，天機星在某一個宮度會是十分鋒利和精明的人。鋒利加上精明，自然不會吃虧，照理應處處佔盡便宜才是，但偏是天道獨愛於厚鈍之人，所以天機星

雖巧，難免終為厚鈍者勞。而厚道的拙，肯吃虧的拙，福澤如影隨形，是故才有「吃虧是福」之說

天機星博學多能、鋒利有餘，卻每多是助人創業的人，而在某一宮度，更難享持久之富貴。使人看來覺得十分可惜。所以能知命、能厚道，對天機星守命的人助力會最大。但不管任何星曜守命，能明白福澤之源在於厚道，總是好事！

心計

「機深禍更深」、「人算不如天算」，這兩句說話我們在日常生活中常常聽到。善於謀人者，雖有周詳的計劃，很多時到頭來不單只功虧一簣，而且還伏着禍根，是存心福己禍人所帶來的惡果，也是天意。

在紫微斗數中，天機星與天梁星同度或會照到財帛宮者，謀財多巧計。照理這些人應該必然富有才是，但事實上卻並不盡然。如果星盤格局不高的話，還經常會為錢財而傷腦筋。

同時天機星雖然是聰明機智之星，但也有化為忌星的時候，至此即已進入「機深禍更深」了。

這相等於在現實生活中，一個過於工心計謀財的人，不擇手段謀及朋友，從而朋友日少，替自己的事業造成一度極大的障礙。到這時枉有聰明機智，但不為人信任，過去一切的努力都徒然了。處心積慮，機關算盡，而結果縱橫計不就的事例實在太多了。而「人算不如天算」這句說話，常為人掛在口邊，是有道理的。

毅力

人的毅力，憑外表觀察，如非十分懂得觀人於微，很多時會有誤。

不修邊幅，態度悠閒，給人印象不慍不躁，這些人專注去研究一種學問時，每多能鍥而不捨，終於到達金石為開的境地。

而十分注重修飾儀容，給人印象極為熱情的人，做事卻又每多有頭無尾，而且多是只得開始時的一把衝勁。

太陽守命，在不同的宮度，對人來說有完全迥異個性。

寅宮的太陽，也即破曉時分的太陽，蘊藏着無盡的精華，看似是冷，而其實是藏，準備着到午宮時發揮出萬丈的光華。

申宮的太陽，也即偏西而近黃昏的太陽，金光燦爛，外表有一番極為奪目的氣象，只是維時甚暫，轉瞬即告西沉。

憑此理解，璀璨奪目的外表，雖然足以炫人於一時，但遺憾在無法經得起考驗。反不如貌不驚人，憑無比毅力從沉着中走到最光輝的目標。

君子之交

在紫微斗數中，太陽守命的人，個性爽朗、不拘小節、對朋友熱情。照說，這樣的個性，是頗為完美的。

但這種人最易招怨，那又是甚麼道理！本來，我們居住的世界，萬物化生，都不能沒有太陽。沒有了太陽，地球會變成一個死寂的世界，能否繼續存在也有疑問。

但人們經常埋怨的，也是太陽，暑熱的時候嫌它陽光過猛，嚴寒時又嫌它不出來。總忘記了太陽對地球的恩遇，而且是無償的！

太陽是太陽系的主宰，遭遇如此。人間施恩招怨的故事不斷重演，是巧合還是天理使然？

相反的，太陰（月亮）發出的是冷光，不及太陽之熱烈遠甚，亦無甚貢獻，但卻為千古詩人讚美，月圓固美，一彎新月亦美。

由此啓示，對人長期過份熱情，稍有疏忽，即易招怨。保持一定距離，卻每得到意想不到的讚美。

君子之交淡如水，道理在此乎？

鋒芒

一個人鋒芒太露，就會招忌與招妒。

一個人得到別人的待遇太好，也會招妒，從而引來是非。

鋒芒太露，是鋒芒不慎刺及別人，而引致忌與恨。

若全無鋒芒，不招人忌不招人妒，不是很好？當然，煩惱會少許多，但又會被人看不起，說甚麼「不招人忌是庸才」。

在紫微斗數中，太陽與巨門星，經常可以會照甚或同宮。太陽光芒四射但卻是招忌與招怨的星曜。巨門星是暗曜，全憑得太陽光的照射，才可反射出光芒，可說很多時得到太陽特殊的待遇，但巨門星卻是主是非的星曜。

此所以太陽守命的人招忌與招怨，而巨門星守命的人易招是非。明白了招忌與招妒的道理，懂得收斂鋒芒至一定的程度，不讓鋒芒過露，可以減少許多不必要的煩惱。但得到特殊的待遇而招來妒忌與是非，卻是人性如此，天數如此，無話可說！

預言

不久前，有一女星在懷孕之時，曾要一位研究密宗的人，預言她是生子還是生女，結果預言錯了，預言她是生子的結果卻是生女。

這事知者甚多，所以，在這事發生後，就有不少朋友問過我：「紫微斗數是否可以準確的預言人家生子或生女？」

答案是視情況而定，可以預言的時候一定十分準確，只是有時根本無法預言。

在紫微斗數中，太陽代表男性，太陰（月亮）代表女性，這是學紫微斗數的人都知道的。

在女性懷孕生產之年，如果她的星盤是太陽守子女宮的話，那麼一定是男的，相反如果太陰守子女宮，那麼一定是女的。這是可以準確預言的，也有過不少的徵驗。只是有時子女宮既不見太陽，也不見太陰，那麼就難以預言了。若憑其他星曜去預言，準繩度並不那麼高。

若問為甚麼會如此，那是師父教落，到現時為止，是大家都無法解答的問題！

武曲星

在紫微斗數中，武曲星之化為祿星或化為忌星，在諸星的四化之中，可以說得失距離最大而至有霄壤之別者。

武曲星本來就是財星，化為祿星之時，財源自然滾滾而來，要推也推不掉。但化為忌星時，就可使一個人的財源中斷，嚴重者甚至可至破產的程度。

古有武曲星守命，宜男不宜女之說，那是因為武曲星守命之人，一般都是做事剛斷果決，少猶豫。遇有困難之事，可以十分決斷的去解決，大有「毒蛇在手，壯士斷腕」之風，而且多多少少有點「對過去之依戀少，對將來的展望多」的傾向。

剛斷果決，敢作敢為，早着先機，在判斷準確之時，當然比一般人有利。

只是一旦判斷錯誤之時，全軍盡墨亦每多發生在這種人身上。

有利必有弊，世事每多如此。看着武曲星之成敗，對人生多少也有點啓示作用。

古今

讀紫微斗數的古書，除了要明白其意思外，有時更須與今日的社會情況融會貫通。然後才可以得到準確的判斷。

舉例來說，女子武曲星守命，一般都是能幹、有丈夫志和婦奪夫權的。在古時，並不認為是好命。但在今日的社會，出現了不少的女強人後，這個觀點改變過來，不再是「女子無才便是德」那一套了。所以決不可以說女子武曲星守命不吉。

又如天相星守夫妻宮，古有「親上加親」之說，亦即說配偶可能為表兄妹等。而在今日的社會，這點又未必盡靈驗了。

理由是在封建社會，女子固然欠缺社會關係，而男子的人際關係亦不如今日之廣。但今日的社會，男女社交公開，而天相星守夫妻宮的，仍有「親上加親」的意味，只是很多時已演變為同學、同事、鄰居或青梅竹馬的朋友等通婚了。雙方必然有點淵源卻是未有改變的。

上述的舉例，只是一端而已，但已清楚的說明了應該如何去讀古書了。

鬥志

人長期生活在安樂的環境中，會耽於逸樂而欠缺鬥志。所以，偶然的挫折或困難，反而是好事，會激勵起一個人的鬥志，加強了他的開創力。

所以，在生活中遇到一些困難或挫折，應該視之為天意安排的一種激勵。那麼，你對人生就了解得較多了。

在紫微斗數中有一顆天同星，是福星，此星守命的人，由於太有福氣，就每因此而耽於逸樂，喜歡享福及欠缺開創力。所以，有煞星拱照，帶來一些衝擊，把他從安樂窩中叫出來，激發起他的奮鬥心，反而是好事。

而在子平命理中也有「母慈滅子」之說，慈母對子女過於照顧，巨細無遺，反而害了子女。生之養之惟恐不及，在這種環境中成長的人，惰性較強，是自然的事也。

所以，偶然遇到困難或挫折而立即自暴自棄的人，可以說未明白人生的道理，也欠缺慧根。

知足

人都有或多或少不滿現實的傾向，縱然生長在已相當美滿的環境，仍希望進一步更為美滿。

這種傾向在適當的程度下，是為具有上進心，可說是好的一面；但這種傾向如果過於強烈，則變成永不知足，生活永遠無法快樂，同時會帶來極大的破壞性，是為壞的一方面。在紫微斗數中，天同星是一顆福星，但這顆福星在某一宮度如果化為忌星的話，則會有極強的不滿現實的傾向。

男的現象是，作為受薪階級時，永遠怨薪酬太少，老闆待薄了他。自己做生意則又永遠是怨對方給予利潤太薄。結果人人怕與之交手！

女的現象也相同，只是更多一點煩惱，那就是嫁人後，常喜以自己的丈夫與別人的丈夫比較，常覺自己的丈夫沒出息。既易變為怨偶，更易凶終隙末！本來有福，變為無福，只因不知足而致，最為可惜！

正是：「知足常足，終身不辱。知止常止，終身不恥。」

天府星

在紫微斗數中，天府星是既不化祿、化權、化科，更不化忌的一顆星曜（有些宗派則有化科）。

天府星與紫微星分屬南斗、北斗的第一星，也是帝皇之尊，但比紫微星較為溫和、保守，卻同具化解凶星的力量。所以它在人們心中的印象，永遠是一顆厚道的星曜。

而天府星最為人尊敬的，在於有容，「有容德乃大」，有德自可服人。雖然有力也可服人，但評價不同矣！

同時，天府星也是一顆自給自足的星曜，對一切慾望都不高，而因此而至無求之境，自然為人另眼相看。

「患生於多慾，害生於不備」。人的慾望過高，心境自難平靜，而患則已伺伏左右矣！「無慾則靜，靜則明」，是為至理。

天府星不化忌，其理在此。然不化祿、權、科，卻又相等於常在化祿、化權、化科的境界，是真到了最高的境界矣。

擅寵者辱

紫微斗數中，有一顆貪狼星，此星守命的人，通常都擅長於交際應酬，也善知人意，在好的宮度，且有化敵為友的力量。

但貪狼星在某一宮度，會變成太懂得籠絡他人，而帶來不妙之後果。

貪狼星可以化為祿星、權星、忌星，但卻絕對不會化為主名氣的科星。過於懂得籠絡之道，可以有財，也可以因此而有些權，但聲名若不狼藉，也不會大到哪裏去。而且化為祿星之時，天機星立即化為忌星，已有凶物深藏之象。

舉個例來說，有人十分懂得籠絡上司，極盡逢迎之道，他可以有機會由此而在財與權方面得到點好處。但在同事的眼光中，對他的評價一定不高，而且還可能會鄙視他。

靠籠絡手段得來的利益，往往是十分短暫的。但由此而得到的劣評，卻會歷時久遠而無法磨滅。

此所以「擅寵者辱」，是頗有道理的。

性格

在我們所交的朋友中。可以覺察到每個人的性格都不同。而性格足以影響命運，應是至理。不少人的惡運，是由自己不良的性格一手做成，亦有很多人的好運，是由好的性格所致。

不少人反對宿命論，認為人只要肯努力奮鬥，就必然有成就。算這個邏輯合理，但肯努力奮鬥，已屬性格的一面。不過努力奮鬥而失敗的，就變得投訴無門了。

每個人都有自己的個性和性格，大部份是與生俱來的，後天的修養，只足以為原來的性格加上一層裝飾，不容易隨便流露而已。

在紫微斗數中，貪狼星守命在某一年出生、某一宮度，是會有偷竊狂的傾向的，儘管他們很富有，仍然喜歡偷一點東西來滿足自己，而且所偷的東西未必是他們所需者。這就是性格。以紫微斗數而論，是受星曜的影響。

宿命論至今未有科學根據，但天上繁星，對人性有一定的影響，卻是有可以成立的理由的。

月圓之夜，犯罪率特高，已是一端。

自縱

「自我放縱」在一般人來說是一種痛快，但這種痛快，有時會付出很大的代價。

「自我放縱」在某些人來說，會覺得是心情上的一種「盡歡」，只是這種「盡歡」如果不知道適可而止，悔吝就往往由此而生。

所以，才有得意不可忘形之說；也說明了自律之可貴。

貪狼星守命的人在某一宮度，很多時有自縱的傾向，如果福德宮不吉的話，則一生人的風浪極大，悔吝頻生。而坎坷之來，卻不過是由於不知其所止而致。

冷眼看今日的香港，不少的青少年就是在生活上過度的自我放縱。為禍小者妨礙了學業，為禍大者從而走入了邪途而致不能自拔，葬送了自己的美好前途。

在《易經》中有一恆卦，初爻是：浚恆、貞凶、无攸利。掘河掘井，不知適可而止，終致氾濫為災。是為古人從生活中得到的啓示。

享樂

貪狼星在某一宮度守命，對酒、色、財、氣之事會有特殊的興趣，或沉緬於享受，那麼對事業必然有損。

若再有煞星加進去，則牢獄之災亦隨着而來。

生長在繁榮、物質豐富的都市，不少人甫在上爬之時，墜入酒色財氣的陷阱中，不能自拔，進而毀了信用和前途！也是以此星守命者為多。

在《易經》中有一豫卦，初六爻的卦詞是；鳴豫，凶。六三爻的卦詞是盱豫，悔，遲有悔。

前者的解釋是，鳴者名也。豫者娛也，享樂也。人有名而只顧享樂，則將荒淫，敗德而廢事，身敗而名裂，故凶也。

後者的盱，與旭同，日初出也，言人處於方在上升之時，而只知享樂，則必曠其業，所行與所處地位不當，故悔而又悔也。

享樂是每個人都喜歡的事，但耽於享樂，不論已成名還是在上爬中都會帶來如此的禍害，能不為戒！

竊鈎竊國

貪狼星守命在某一年出生、某個宮度，有貪小便宜的傾向，是為小貪的格局，最為遭人非議。

而貪狼星守命遇到火星或鈴星，號稱為「大貪格」，自然不屑於小便宜之類的東西，但每被認為是好的格局。近日本港炒樓花之活躍，使我聯想起這兩個格局。

不少買賣房屋的經紀公司，門前大字貼着某屋邨單位，照原價加三萬元等。卻是合法的。

假若有球賽或熱門的電影，你炒了球票或戲票，然後叫嚷着每張加多少錢出售，那麼你就變成了「黃牛」，那是犯法的，可以被控之於官府。

「小貪」所貪的錢財，可能數字微不足道，但永遠被人非議。

「大貪」所貪的錢財，數字可以很大，但被目為「本領高強」，不但少人非議，有時還會得到某些人的讚賞。

炒戲票與炒樓花的情況，是否近似於「竊鈎者誅，竊國者侯」，留待讀者判斷了！

德望

香港自一九九七年便要實行「港人治港」，然在九七前已有不少人，論才能和德望，都距離作為治人者的條件甚遠，也千方百計的去增加自己的政治資本，希望到時能分一杯羹。

這些人的鑽營，成功者未必可喜；失敗者未必可哀。

江青如果不是那麼熱衷政治，餘生就可能不會長困在監獄裏。

福兮禍之所伏，是值得每個人去警惕的。

在紫微斗數中，有一顆巨門星，本身是無光的，是為暗曜，要靠太陽的照射才能反射出光芒，在子午宮稱為「石中隱玉」，此星在這個宮度守命的人，最不宜強出頭，強出頭則必然有禍！若運氣一差及煞星齊來，則其禍更大。

但若能安於所位，則其福又不薄。

合理的解釋是，此星在天上本身並無光芒，相等於一個人在社會上的德望不足，所以不可強出頭也。

所謂德微而位尊，無禍者鮮矣！是很對的。

易的啓示

前文談及「德微而位尊，無禍者鮮矣！」，現在覺得還可再續談一下：

「四人幫」之倒台，可說是德才俱不備的結果，而用人又不得其當，目不識丁的人可以當上副總理，鬧出「李時珍今天為甚麼不來？」的笑話，這種人走上政治舞台，未招殺身之禍，已是大幸。而江青、王洪文的下場，早在意料中矣。在《易經》中有一履卦，三爻的卦詞是：「眇能視，跛能履，履虎尾，咥人凶，武人為於大君。」

意思是盲眼的人冒充是視力正常的人，跛的人強充如常人般走路，終而不慎踏着虎尾，但由於眼既不明，腳步又不夠快，最後就必為虎所噬也。是強出頭的惡果。

武人無大君之德而據大君之位，亦即「德微而位尊」，故終有禍，極凶。

這段《易經》，足以為野心勃勃、本身德才俱不備，而希望成為治港人者之戒。但權位慾望，往往使人失去自知之明而陷身於萬劫不復之地。反不若無知赤子，毒蟲不螫，猛獸不據也。

隱玉

「石中隱玉」是指巨門星在子午宮，隱藏光輝，不讓世人睹其風采。此星守命的人，宜自求多福，不宜強出頭。否則相似於石中之玉被發現，開採者紛至沓來，本身經過刀斧下不少的犧牲，然後得回一點青翠，作他人的玩飾。在還未知道本身是否會被讚賞之前，先經過不少苦難，從不規則的巨塊變成小巧的一塊或多塊，雖云玉不琢不成器，然而在玉本身來說已是劫數。

更何況「石中隱玉」所指的玉並非名玉，只是十分普通的玉。因巨門星屬晦暗之星也，然若隱身石中，光輝暗藏，既可自珍，更可與天地長存，無慮有玉碎之日。

要歷盡劫數然後得回一點在裝飾上給人普通的讚美，到玉碎之日也不過換來輕微的惋惜，歷劫後的代價僅此而已。世人認為玉碎擋煞，是與非無可定奪，而玉就是碎了！

辭寡辭多

言多必失，是故以前的人教導後輩，多以「敏於事而慎於言」為訓。

在紫微斗數中巨門星是一顆主口才，同時也是主是非的星曜。

這已是暗示了一個人如果太好口才，同時亦容易引致是非。

巨門星是一顆可以化為祿星、權星及忌星的星曜，但卻絕對不會化為科星。

化為祿星是可以憑口才而帶來一點財富，但巨門星並非主財的星曜，所以所得之財不會很大。而化為權星則說明在口才上可以具有一定的權威性。但化為忌星，則滿天是非了。

而不化為科星是暗示不能單憑口才而得到名氣，必須配合其本身的成就。口沫橫飛，滔滔不絕，最多只能說可以使人「另眼相看」，但在別人盛讚好口才之後，往往會由此而帶來煩擾的是非，評價如何已是另一回事了。

「吉人之辭寡，躁人之辭多」，古有明訓，足為殷鑒。

天相星

在紫微斗數中，天相星是完全不參與四化的星曜。它既不化祿、化權、化科，亦不化忌。

看似是完全與世無爭和欠缺性格的星曜。

但它卻是吉凶無定的星曜，既不可以稱之為吉星，亦不可以稱之為凶星。

有吉星拱照或左右來拱，它就變成吉星；相反的，如果是凶星拱照或凶星夾拱，它就是凶星。可說是十分隨環境而變的星曜，既可是吉星祥曜，也可以是凶燄萬丈的星曜。

斗數星象的變遷與人的情況，有時會十分吻合，如天相星之吉凶無定，在人方面也常發現有這種現象，否則就不會有「近朱者赤，近墨者黑」之說。那是說接近好人可使人變好；接近壞人可使人變壞。

無意中闖進了某種環境，而使自己不能自拔，除了慨嘆「人在江湖，身不由己」和諉過於命運的安排之外，其實自己也有檢討的餘地，檢討自己的意志是否堅定！

好心做壞事

有朋友問我，有些人經常性的「好心做壞事」，那在紫微斗數來說是甚麼星守命，才會這樣的呢？

我認為情形有多種，但最易發生這種事情的人多是「天相星」守命，而有化忌星夾拱的。而天相星在哪一個宮度為忌星夾拱，那又有一個很大的分別！當然分野很大或受其他影響而未盡然。

許多人罵人「善惡不分、正邪不辨、真假混淆」，其中不免有天數與命運存焉。

不少人甚精明而具有正義感，往往在不知不覺中做了一些「善惡不分、正邪不辨」之事而不自知，大焉者甚至以為自己畢生在鋤強扶弱，結果遺害了後世無數人。

小焉者以為自己所為乃助己助人，問心無愧，不料到頭來吃了大虧及甚至送了性命，累及家人。

在星家來說，這就是命與運所構成的事，亦有人說是「天數」！

舉比較遠的例子來說，越南內戰時，南越激進分子甚至一些僧侶，認為越南政府腐敗，無法改革，必須有新政權出現才能救國。有些僧人因而用到自焚的激烈手段，在他們來說，以為這樣捨身可以喚醒國人。他們在鬧市上用電油淋身，然後引火自焚，以為這樣是慷慨赴義，捨身救國，不料，數年後，他們所希望的新政權掌政了，卻引起成千上萬無數的越南人投奔怒海；在中國，「文化大革命」之事今日已被否定！但當日又有多少自以為精明的人在鼓吹和協助這場「革命」，以為可使中國新生，結果卻是帶來百萬人計的苦難。

在香港，我們亦見過不少人「好心做壞事」，是否都是天相星為忌星所夾守命，我未看過他們的星盤，不敢說亦無意評論。

天梁

在紫微斗數各星曜中，能化為祿星大多是好事，獨有天梁星化為祿星則顯得有瑕疵。天梁星是善蔭之星，清廉之官吏。所以天梁星守命的人，大多有名士的風味，愛好閒適懶趣。

天梁星不宜化祿，化祿則易招人批評爭議，情況如清廉之官吏忽然富有，必遭物議，或認為所得之財為不義之財。

而天梁星在好的宮度更為諫議之星，一旦化為祿星之後，立即會失去這方面的氣質，是為「賢而多財，則損其志」。

在因財而損志之後，諫議之力自然大減，在這個時候批評他人之不是，則必招來極大的反擊，從而帶來極大的煩惱。

在現今的社會，沒有人反對去發財。但不管是否因財損志，能懂得言語簡寡，終是聰明之舉，既可少悔亦可少怨。「唯善人能受盡言」，到底世上善人有多少，明矣！

術數之星

有人學「術數」為了謀生，有人學「術數」為了養性。而後者往往會在「術數」之中悟出很多人生的道理，從而樂天知命，雖未必由此而可以得到福慧雙修，但肯定在人生的奮鬥過程中，有一定的助力。此所以江湖上的「術數」與學院派的「術數」，有頗大的分別。

古住今來，不少文人對「術數」有很深的研究。至於《周易》、卦理等，亦有人下過不少苦功去鑽研，以治學態度去讀《易》，發出過相當的光芒。

在紫微斗數中，有三種星守命在某特殊宮度的人，對研究術數會有特別興趣，也易有成。

天梁星具有慧根，天機星多學多能，貪狼星愛好神仙修煉術，都能把「術數」學好。至於紫微星守命，本來也可學術數，但主觀太強，更有「愛之欲其生，惡之欲其死」的偏激，所以成就反不如天梁、天機遠甚。

一個人無論有任何成就，都與個性十分有關係。「術數」方面亦然。

星曜個性

文人喜歡閒適、懶趣和不羈。

會計人員喜歡井井有條的生活。

是個性上迥異之處。

有人說，只要打開一個人辦公桌的抽屜，是文人還是會計人員就有很大的分別。

文人的抽屜，一般是淩亂不堪。

會計人員的抽屜，十分整齊清潔。

能把抽屜收拾得十分整潔的，已缺少文人的氣質，這話聽來誇張，卻也並非全無道理的。

見過不少寫作人士的書桌，也確有這現象。

在紫微斗數中，天梁星、文曲星、文昌星等，都是屬於文人的星曜。而這些星曜守命的人，在好的宮度喜歡閒適和懶趣，但有積極性的一面。在壞的宮度則凡事拖延，常因拖延而至誤事！

而上述三種星曜，均是主聰明的，此所以聰明而懶的人特多！天梁星是救苦救難、逢凶化吉的星曜，但非到最後關頭不會出手相救。文人寫稿，每多非到最後關頭，不會提筆寫作，亦妙矣。

七殺星

人間有不少不公平的事，看着斗數諸星的「四化」，多少也有同樣的感慨！除了文曲星與文昌星之只有化忌而沒有化祿之外，對於七殺星也覺得有不公平之處。

七殺星之不參予「四化」，情況與天府星之不參與「四化」完全不同。因為天府星之不化祿、化權、化科，卻相等於已經化祿、化權、化科。

七殺星是一名將星，運籌帷幄的主將。它的不參與「四化」，據解釋就因為是一名戰將，早已把生死置於度外，所以，一切代表功名利祿的化祿、化權、化科，都為身外物，而化忌亦無足輕重。對諸星的「四化」，只有袖手旁觀，或者遭遇到部份的影響，對七殺星來說還不算最不公平。最不公平的是，七殺星必然會照到的星曜，破軍在事業宮化祿時，財帛宮貪狼即化忌。

身為戰將，當然希望有顯赫的功績，但又不能功高震主，更不能顯示有任何野心，遇有風波，更要隱姓埋名，所以最為七殺星不值也。

風浪

在紫微斗數中，有一顆破軍星，是衝鋒陷陣罔顧後果的星曜，而此星守命或守福德的人，在某一宮度，一生的風浪頗大，個性方面，亦多刻薄寡恩，更喜以語言刺人。刻薄寡恩與語言刺人，應是處世的大忌，因為會經常親手製造了敵人，而自己尚可能在不知不覺之中。

在運氣好的時候，敵對者會忍受，忍一時之氣，然必伺機報復。所謂「言悖而出者，亦悖而入」。只是時間問題而已！

但破軍星的性格衝鋒陷陣，很多時罔顧後果，結果就經常給予人可乘之機，而一生「風浪頗大」之關鍵亦在此。

先有性格而後有命運，意思是性格足以影響命運而性格是先天形成，雖說極難改變，但後天的修養，必能有或多或少的更改。

最簡單的事例，如好說人陰私者，更改為「樂道人之善」，先不說命運如何，最低限度在處世方面必較受人歡迎。

破軍星

破軍星是一顆衝鋒陷陣的星曜，它可以化為祿星、權星，但卻不會化為科星和忌星。

破軍星與七殺星、貪狼星是永遠成三角形的會照的，如果是破軍星守命的話，那麼七殺星一定是守財帛宮，貪狼星守事業宮的。

破軍星相似於急先鋒，所以在化為祿星之時，每有新機會和意外之財，只是破軍星化為祿星之時，貪狼星守在事業宮立即化為忌星，也即說明了在有新機會到來之時，馬上有人企圖分一杯羹，正是易得之財，有誰不想！自然有爭奪之風。

而破軍星風急雨驟的作風，朝發而夕至，殺個措手不及，雖然有時會被人認為不夠義氣，但往往大權已在手了。

化為祿星是一回事，化為權星也是一回事，但破軍星的作風，每在不經不覺中會做些刻薄寡恩之事，被人認為無情無義，因此不容易得到一致欣賞，而不化為科星，其理應在此也！

築室道謀

對紫微斗數有研究的人，都會知道有些星曜在某個宮度是主特別主觀和個性極強；有些星曜在某個宮度則是主個性軟弱，並無主見。

主觀太強，凡事以個人意見為意見，不管別人的見解是否具有建設性，一律予以否定，固然不好。

但個性太軟弱，全無主見，又難有成。當然，既有自己的主意，又肯聽別人的意見，予以分析，採長補短，除了成功率較高之外，也減少了在人生路上迂迴曲折的機會。

而「築室道謀」的個性，不可取之處是為太無主見，而別人提供之意見亦每多不能統一，意見紛紜，事必無成。

所以，反不如一些破軍星守命的人，一往無前，雖然碰壁機會也隨着增多，但總勝萬事趦趄不前，到機會盡失的時候然後長嗟短嘆。

敢於開闢新天地，可能過程驚險百出，但成功的果實，亦每巨碩。到豐收之時，與其說命中注定，倒不如說個性使然！

福與慧

物質生活與精神生活可說是兩回事，有人物質生活十分富足，但卻沒有甚麼精神生活，亦有人精神生活十分富足，而物質生活十分惡劣者。

在世人眼光來說，前者是福，後者是慧，福慧雙修最是難得。

舉例來說，有些藝術家，一生致力於繪畫，精神生活可說十分富足，他們對着一幅自己的或別人的傑作，可以陶醉在畫中一整天，到達忘憂忘我的境界。

但古往今來多少藝術家，生活潦倒窮困，是「慧」方面得天獨厚，在「福」方面就打了個很大的折扣。也有人含着銀匙出生，此後一生豐衣足食，物質無缺，但在精神生活上則每多是空虛者。庸人多厚福，這個福是否值得慶幸？而聰明人每多福薄，這又是否值得悲哀？這是個觀點不同，答案有異的問題。

在紫微斗數中，有文曲星及文昌星，都是主聰明的星曜，而這兩顆星是絕對不化為祿星的，天道已是如此，還有甚麼好說！

文人之哀

在紫微斗數中，有文昌星及文曲星，都是主聰明，也可說是文人的代表。

這兩顆星曜都是不會化為祿星及權星的，但卻會化為科星及忌星。

不化為權星是秀才造反三年不成；不化為祿，是文人要發財談何容易。

化為科星是聲名大顯，化為忌星則差矣。

而給人最大的啟示是，當文昌星化為科星時，廉貞星立即化為忌星，而廉貞星化忌是主血災的。

所以，在清代有著名的文字獄，文化大革命時知識分子被指為臭老九。都同樣的以家散人亡而收場，正可說是文人的悲哀也。

明末清初的才子金聖嘆，應是文昌星高照者也，在被殺頭前說：「斷頭，至痛也，籍家，至慘也，而聖嘆不意得之，大奇！」

狂傲如金聖嘆，雖一笑受刑，但對自己的下場，仍不免有所感慨，而且說「大奇」。

真的是廉貞星化忌所造成乎！

讀書人

文曲星與文昌星，都是主聰明和屬於讀書人的星曜這兩顆星如果化為忌星進入奴僕宮，則要十分小心朋友會有輕諾寡信之事出現，嚴重的會被朋友出賣和拖累。

自古以來，讀書人都重節氣和信諾，既標榜讀聖賢書，道理上也應該忠厚待人才是。但有小部份讀壞書之人，不把豐富的知識用於正途上，卻心存歪計，專門幹損德和損人利己之事。

在風水學上有這一說，「巽為文曲星，失元時每多文妖」，風水學之可信程度如何，姑且不論，然「文妖」之名，實在十分難聽。

任何一個社會，都有良莠不齊的現象。包含甚廣、範圍甚大的「讀書人」，其中有敗類，自是難免。在香港，教育普及，然不知是否風水的關係，讀壞書之人着實不少。很久以前，曾見過「仗義每多屠狗輩，歪心盡是讀書人」這樣的一副對聯，一時間想不起出處。

自己也是讀書人，對此能不無感慨。

靈感

靈感，每是一閃而過，過後又會無蹤無影，而一個人的悟力，情況亦相似，所以才有一朝頓悟之事。

所不同者，靈感似乎較為飄忽，而悟力雖然亦難持久，但總會有一段時間悟力特強。而兩者相似的是，過後都如春夢無痕，再難尋找。

在紫微斗數中有一顆文曲星，是自古以來都為讀書人重視的。文曲星化為科星守命之時，讀書悟性高更可過目不忘，靈感好及所作文章亦必富於文采。但文曲星化為忌星時，情況則剛好相反，既易善忘也難有文思。

從這星曜的啓示，可見「江郎才盡」的故事，雖是神話，但也有一定的道理。說明了一個人總有一段智力巔峰的時間，而過後就向下坡走。

而分別只在有人來得早，有人來得遲。但不管早或遲，能掌握在巔峰期間發揮所長，縱使未必因此名留青史，但總勝於白白的掀過了一生智慧的一頁。

輔弼

在紫微斗數中，左輔星與右弼星，可說是十分重要和具有實際力量的星曜。這兩顆星曜的名字，可以顧名思義，性質相等於一個人在事業上的左右手人物，而左輔星與右弼星最宜進入事業宮，其理在此。

因為每一個人的事業，不論是甚麼行業或規模大小，總需有忠心的左右手人物輔助，然後可以事半功倍。

見過不少極為精明的人，但疑心亦隨着極重，以致永無心腹親信，事業極難有成或者特別反覆。

在《易經》中有一剝卦，二爻的卦詞是：剝牀以辨，蔑貞凶。

剝者，取掉也。辨讀為牑，牀板也。

取掉牀板，是蔑棄正道，必凶。

喻統治者之寶座如牀，輔助之臣猶牀之板，棄輔佐之臣，相等於取掉牀板，變成無人助之，必從寶座跌下，是自招凶禍！

「疑人勿用，用人勿疑」，是頗有道理的。

真聰明

左輔星與右弼星最宜進入事業宮還有一個道理，就是這兩星曜不單只屬於六吉星中的兩星，同時忠厚善良，能克盡輔助之職。

左輔星與右弼星在四化中，都是只能化科的，也是說可以有名氣。至於化祿、化權與化忌都沒有它的份兒。

據解釋是既屬克盡輔助職守、忠心耿耿的星曜，自然是清高，也就不斤斤計較於財與權，全心全力為人服務，本身忠厚善良，便無所謂化忌。

但在輔助他人事業上，由於大有成績，所以聲名可以略有，因此它可以化科。

它比文昌星與文曲星較為幸運，雖然大家都是不化祿與不化權，但卻少了化忌的憂慮。

文曲文昌容易流入於賣弄聰明，也容易招來猜疑，而化忌亦由此而致！

左輔右弼只知忠心耿耿，憑忠厚的本質而免去化忌。說到真聰明，看來輔弼二星更高。

火星

「君子之行，靜以修身，儉以養德，非淡泊無以明志，非寧靜無以致遠。」這是諸葛亮的《誡子書》，末的一句強調寧靜的重要，否則縱然胸懷大志，亦難有成。

在紫微斗數中，火星是一顆煞星，火星守命的人多數性急和有突發性的脾氣，而肝火旺盛，每為誤事之源。

逞一時之意氣，在當時來說可能十分痛快，但每每由此造成的破壞，縱使付出極大的代價而亦未必能補償，事後的追悔亦於事無補，所以才有「忍一時之氣，乘千載之機」之說。

見有火星守命的人，進入中年，火氣仍盛，是既不知命亦欠修養。本來極具才幹，就只因這個性上的缺點而不斷為自己製造障礙，更甚者由此而致前途坎坷，可說極為不值也令人惋惜。

從急於名利而回歸淡泊，從言行之躁而歸於寧靜，這種修為，雖然不易，卻是一種福氣，那是可以肯定的。

節儉

節儉是中國人的美德之一。

但有些人如果你要他節儉，他會感到很辛苦，這是個性使然。

不少人性愛揮霍，錢財到手輒盡，絕對不悔，而且還覺得揮霍是樂事。

當然也有人視財如命，絲毫不苟。

在紫微斗數中，有「地空」及「地劫」這兩顆星，如果走進福德宮的話，則這人必定視錢財如糞土，若其他星曜不佳，則一生甚難有所積蓄。

這種人如果知命的話，會有頗大的好處。知道自己運程的起伏，並非一生都能順利的找到錢財來揮霍，從而知所警惕，比任何人的勸告更為有效。

在《易經》中有節卦，三爻以上分別是：不節若，則嗟若。安節，亨。甘節，吉。苦節，貞凶。

意思是，不節儉則多所消費，多消費則窮困，窮困則愁嘆。而安於節儉及甘於節儉則吉。若以節儉為苦事則凶矣。

這也是易的啓示。

動與靜

浮躁不安和衝動，對聰明者來說是障礙了思路的深遠；對愚昧者來說，會促成更多的妄行。

與浮躁不安的相對者，自是靜而安，所謂安而後能慮、慮而後能得也。

在紫微斗數中，地空、地劫星與天馬星、火星等同守命宮的人，一般除了極為好動以外，每多帶有浮躁不安的缺點。這種人可以十分聰明，舉一反三，只是思路欠遠和計劃欠周詳，不少功虧一簣之事亦由此而起，殊為可惜。

在《易經》中有一恆卦，上六爻的卦詞是：振恆，凶。振者動也，恆者久也，故曰動不可久，動久則凶。鳥飛久則墜，獸走久則仆，人勞久則病，用兵久則敗，役民久則叛。說明了動靜不得其宜之禍。若再加上浮躁、衝動，自然成事不足而敗事有餘。人貴乎知命，知道有這缺點時，對自己多所警誡，雖然未必由此而可以改變命運，但減少了進退失據之事，總勝歷盡風波之後，嘆造物之弄人！

富

小富由儉，大富由天。

說到富，其實與個性十分有關係的，有人天生吝嗇，有人性愛揮霍。有人視財如命，也有人視錢財如糞土！有人每做一件事，最重要的是衡量一下有甚麼利益。亦有人做事以興趣為重，利益是次要的問題。

在紫微斗數中，有「祿馬交馳」的格局，是說天馬星與祿存星同守財帛宮，主富。

天馬星主動，是活躍與好動的星曜，而祿存星則主財，是從活躍中而得財。換句話說，有此格局的人，他每做一件事，都可能帶來財富，亦以能賺得多少為前提，所以主富。

另有天馬星與空劫星同守財帛宮的，則情況大異其趣，這種人身上只要有個錢，就非得出去花盡不肯回家，所以主貧。

同樣是活躍，一個是求賺錢，而另一個則求散財。貧與富，與個性有極大的關係，於此可見。大富固然由天，小富也得有儉的個性配合，一點不假。

打小人

不少人都有這樣的誤解，以為鑽研術數的人一定非常迷信。

所以，每年驚蟄的時候，灣仔鵝頸橋附近有婦人開檔替人「打小人」之時，就會有人問我對「打小人」的看法。

對於「打小人」這種迷信，我從來就不相信會有甚麼功效，只是覺得這是過去民間受欺凌的大眾的一種洩憤方法，與術數完全無關係。

在紫微斗數中，有一顆戊級星，是極小的星，稱為「指背」，據說遇到這星時就會犯小人，被人講閒話。但這星並未為一般斗數論命者重視，原因之一這是極小的星，影響極微。而觀諸實際環境，又有哪個人可以避免被人說短道長，縱使是最大公無私的人，亦有為人講閒話的時候。只要不予重視、不加理會，不放在心裏，別人的閒話又能作出甚麼花樣的傷害？

所以，斗數反而重視奴僕宮有任何星曜化忌，譬如說遇到武曲化忌，偏多賣友之客，那已不是講閒話那麼簡單，就值得留意了！

紅顏命薄?

天刑星本來是一顆剋星，但守在命宮，卻對人有敦促自律及剋制任性的作用。紅鸞星 是屬於婚喜和魅力的星曜。這兩顆星看似風馬牛不相及，但卻有互相為用的時候。

在紫微斗數中，女性如果命宮、福德宮、夫妻宮有紅鸞星高照，多是漂亮而具有魅力的人，對異性具有特別的吸引力。因此，也特別容易招惹狂蜂浪蝶，不管在婚前婚後，都易成為異性的獵物。

紅鸞星多少有點熱鬧的含意，好處是不愁寂寞。如果再加上一些屬於桃花的星曜，或者左輔、右弼等星進入夫妻宮，更易有感情的困擾，那麼天刑星就可顯出它的作用了。是制止了見異思遷。在熱鬧的場合中，提高警惕，加強自律，不為巧言令色所動，不作任性之舉，跌入陷阱的機會自然減少。

「歡娛嫌夜短，寂寞恨更長」，到再回頭時已是百年身，雖幡然覺悟，卻可能「紅顏命薄」已經定案，能不令人惋惜！

第二章

閒話紫微玄學

批評

古往今來，中國不少的學者對術數及《周易》有極湛深的研究，他們認為這是中國古代的哲學，是前人智慧的結晶，足以啓示人去認識宇宙事物之種種矛盾與發展，指出人事之是非、得失、利害及禍福之所在，把中國術數提高到較高的一個層次。但不少人一聽到「術數」這兩個字，立即主觀的斥之為迷信，則應列為「妄加批評」也。

因為作此論者，多是從未涉獵過術數，不知術數為何物之輩。一下子就認定那不過是江湖術士騙人的玩意，是過於武斷。

舉例來說，一個人如果他從未經營過酒樓業，就誇誇其談的說如何經營酒樓可以致富，如何會虧本，都是門外漢的說話而已。

對一件事要有中肯的批評，必先自己先有研究。譬如說你曾經經營酒樓業數十年，對經營酒樓之易難，說來自然中肯，也才可以服眾。

自私？

對「術數」有精湛研究的名師，無論是古代的和現代的，都不輕易傳人。因此，不少人認為這是自私，而不知道「術數」與一般學術不同。而且究其實，他們並非不傳，只是擇人而傳矣，否則中國各門術數早已失傳了，又何以會流傳至今。

至於說這是自私的行徑，那是不了解學「術數」者需具備的條件而已。第一、欠缺這方面天資及心術不正者不應教以「術數」。前者是怕他誤己誤人，而後者則怕他學得一招半式招搖撞騙。

而最重要的是，如果想學「術數」的人，接着而來一、二十年的運氣都很差，甚至收場也很慘的話，不應教以術數。別人替他算，一定有所隱瞞及說些勉勵的話。但如果他自己懂得算，知道自己的過程與結果如此，還有甚麼生趣和鬥志，而教他的人無異把他推入苦海，或者使他走上自殺之途，身為師傅的能辭其咎嗎？真正有功力的名師在傳人方面十分慎重，其道理在此。

覺悟

「上帝要你滅亡，必先使你瘋狂。」第一次聽到這說話時，並未明白其中的真義，經過細味之後，才覺得近似中國人所說的「禍來神昧」，囂張跋扈，迷途而不知返，無半點覺悟，終致召禍。

在《易經》中有一「復卦」，對此有所啓示：

復者返也，初爻的卦詞是：不遠復，无祇悔，元吉。

行未遠，尚未迷途，及時知返，是故無大悔，不會做成極大的悔恨，故吉。

五爻是：敦復，无悔。

有人敦促而返，雖屬被動，然亦無悔。

六爻是：迷復，凶，有災眚。……

已經迷了路然後想回去，但迷途太遠，不識歸路，終不得返，將遘大禍。

能知迷途未遠，覺今是而昨非者，不一定要大智大慧的人才能做到，但這點悟性，卻是彌足珍貴。但每個時代，每個地方，都偏多自以為是的人。冷眼看今日的香港，亦不例外。

哲理之疑

有人在報章上的專欄說，「紫微斗數」僅屬術數，不若「子平」之有生剋制化，所以不能用來談哲理。

原來談哲理必須有生剋制化，頓使人「茅塞頓開」。看來古今中外的哲學家，都是生剋制化專家了。

不過，紫微斗數其實也有生剋制化的，只是自以為是的人未明白而已。

有一位姓鄭的讀者，寫來一封很長的信，對紫微斗數能否用來談哲學及有沒有生剋制化，所見甚是，以下是節錄其中的一段：「斗數有沒有哲學系統？當然有。不但有，而且與『子平』同屬六十甲子天干地支所代表的哲學系統。斗數講不講生剋制化？亦肯定講。如有不同，那就是：離開了生剋制化，『子平』就無從談起。但是斗數諸星，即使不談生剋制化已具有一定的獨立性和徵驗性。然而諸星的廟、旺、利、陷，已經是生剋制化的一種應用。逴論諸星同宮的關係，更就是生剋制化的關係……。」

制與化

在涉獵過很多門的中國術數中，都有「生剋制化」，只是所注重的程度有輕重之分而已。

生與剋都很易明白，制與化就似乎有一談的價值。

制者制伏也，化者化解之意。

在子平命理及風水學上，特別注重制與化，所以有「制煞不如化煞」之說。

煞者可以看作是惡人或仇家，用強力來把它制服，則必須長期具有壓倒它的強力或優勢，否則強力或優勢一去，惡人與仇家復出，報仇之心必熾，則為禍大矣。

由於人與物都無法保證必然長期具有這個勢力，所以「制」的手法只能在不得已的情況下使用。而「化」者，化解也，與惡人或仇家結怨，有和事老從中化解，或感化了惡人使之改邪歸正，再使之成為己用，自是最佳的治本之法。是徹底的免除後患，遠勝使用制服之法也。亦有「冤家宜解不宜結」之意。同時，「以德服人者王，以力服人者霸」的觀念，亦早已深入人心。

刻舟求劍

「刻舟求劍」的故事出於《呂氏春秋．察今》，故事說有一名楚國人，乘舟渡江，不慎劍墜江中，楚人就在船上刻下一個記號，記着劍是在船上哪個地方墜下，然後到彼岸時下水尋劍。

姑不論故事的真實性，但說明人之刻板，固難尋得真理之所在，表面看似細心，而實在是愚昧也。

曾有人論紫微斗數，說紫微斗數的星曜是「虛星」，難以用來論星曜足以影響人的性格與命運，說者玄學的根基之淺薄，於此可見矣。

道理何在，試舉一例以證明持此說者之無知。

在子平命理中，大家都知道有五行，是為金、木、水、火、土。而業者亦會在人客的批命紙上寫着如：二金、三木、二水、四火、一土等。

若照持以上的理論之人的見解，將上述人客進行化學分解，則應該可以提煉出同等份量的物質如二金、三木……否則無以用來論命。

把它列入現代《笑林廣記》，亦不為過。

規律

曾經有一位朋友給我看一個星盤，是某人替他草列的。我一看就說，這個星盤是錯的。朋友奇而問道，為甚麼你一看就斷定它是錯的，是過於武斷吧！

並不是武斷。初學紫微斗數的人，對星宿的排列，往往要查表對照。但當你熟悉了，只要知道紫微星在甚麼位置，其他的星曜就能信手排出，因為它都是有一定的規律的。而且有些宮度，是一定不會出現某種星曜的，如辰戌丑未這四個宮，就一定不可能有祿存星。職是之故，寅申巳亥四宮必無擎羊星，而子午卯酉四宮亦一定沒有陀羅星。

掌握各星曜的規律，對星盤各星曜的排列，如果有錯的話，真的是一眼就可看出來的。

紫微斗數雖有各宗各派，但不管你是哪一宗哪一派，這些規律都不能違背，除非你算的不是紫微斗數。

但如果說斗數的星曜都是「虛星」，可以不依規律胡亂安放，那是胡來而已！

悟性

每一個人都有或多或少的悟性，可以悟出不少的道理，只是能否把它準確的解釋出來而已。

而這種悟道，並無規定要在某個特定環境或者使用何種工具才可進行。

譬如說一個文化程度很低的苦力，抬東西上山時覺得很辛苦，走平路時覺得很輕鬆，他說：「一個人向上爬真的不容易！」說話雖然簡單或者無意中說出來，然而亦具哲理。所以，有人說紫微斗數不可用來談哲理，我就是不服氣。

如果說我所談過的哲理不對，這倒還說得過去。因為每個人可以有不同的觀點，所以說讓聰明的讀者去思考和判斷。

「道可道，非常道」的道理在此，然後有「人之患，在好為人師」之說。但有人徹底的否定紫微斗數可以用來談哲理，指為「牽強附會」。至於是否如此，我不想多說，讀者可以自己判斷。

管窺

興起於宋代，具有千年歷史的紫微斗數，不單只有五行生剋制化，一百餘顆星曜，而且還有四化的精髓及廟旺利陷的計算。是相當複雜的一門術數，一般人如果沒有師傳，摸它三五年往往仍是一知半解。

但亦有人認為它簡單易學，那是未有深入研究所致。

情況有如有人僅懂得英文的廿六個字母，就說英文其實很簡單，任何字都不出廿六個字母之外，十分樸素。

這既是「管窺蠡測」，也是無知，對事物僅作片面的了解而立下判斷，所有的判斷當然不會正確的了。

對紫微斗數僅有片面認識的人，作此言論，是未窺斗數之堂奧，管窺之見，尚情有可原。

但業術數之人，仍說紫微斗數易學，則若非他對斗數之認識尚淺，故意貶低紫微斗數，就是為了解除心理上的自卑感而已。

偏見與客觀

「無識見之人，難與說話；偏見之人，更難與之說話。」確是道理。

有人見我談的多是紫微斗數，就以為我不識「子平」，故意抬高「子平」來壓低紫微斗數，以為這樣就可以把紫微楊壓下去，亦妙矣！

其實，我學「子平」比紫微斗數還早，四十年前我已用「子平」為朋友論命，這些朋友目前仍在港，其中更有為政府的高級官員。也有人問過我「子平」和紫微斗數比較，孰優孰劣，我的答覆是各有千秋。

而事實，在中國各門術數中，都是各有所長，各有所短。

所以我的朋友都知道，我為人論命，並不泥執於某種術數。我的習慣是先起列斗數的星盤，配合「子平」來參考，這樣，一個人的一生過程，才能瞭如指掌。要進步只有客觀；偏見只有把人帶入死胡同而已。

系統

我曾經引用《太微賦》中的「貪居亥子，名為泛水桃花」來說明斗數的五行生剋，但隨即為「叻唔切」之人說我故意刪略古書來拗頸，說應有擎羊星與陀羅星同宮才是，並問一句「要羊陀同宮，知未？」鬧出了騰笑術數界的大笑話。隨後又說斗數沒有完整的系統，實在「搞笑」。

有幾位隨我學斗數的朋友，我曾對他們說論斗數應以整局而論，並曾舉例如貪狼星在子宮，遇到擎羊星〈貪狼星在子宮決不可能有陀羅星〉，那麼一定是壬年生人，祿存在亥然後擎羊在子，這個局之為患，並非因有擎羊與貪狼同宮那麼簡單，重要的是因為壬年生人，武曲星化為忌星。貪狼星在子宮時，武曲星必在寅宮。今以子宮為命宮，則寅宮就是福德宮，福德宮遇到武曲星化為忌星相守，為患之大，可以知矣！拘泥於某星進入某宮如何，不論其他，在這種人來看，紫微斗數確是沒有系統了！

吞棗

讀古書如果照背照讀，那就是讀死書，縱然能背誦如流，但如果不明白其中的含意，讀了等如沒有讀。更無法悟出甚麼東西來。

更甚者，不少術數的古籍，特別是木刻版的，錯字尤多，魯魚豕亥，有不忍卒讀者。如紫微斗數之《太微賦》，是十分著名的，流傳亦廣，但其中亦有句子是不可解的，除非有名師點竅更正。

舉例來說，《太微賦》中的「破軍暗曜同鄉，水中作塚」，另一說的「殺破機梁空門談禪之客」等。

前一句的暗曜一般指的是巨門星，對紫微斗數稍有心得之人，都知道破軍星與巨門星是永無可能同宮者。而殺破機梁這四顆星，在星盤中亦永無全部相會的機會，是則非有名師點竅及更正不可了。

上述的只是一斑，所以，抄古籍的一些片段，自己也不明白其中意思的，拿來與人辯道理，往往會貽笑大方。但囫圇吞棗的人多的是，所以才有「羊陀要同宮，知未？」的笑話。

不諂不瀆

學術數既可學到修心養性，也可學到走火入魔。

前者是知道自己的缺點，而作一定程度的修正。後者則是一知半解更為放肆。譬如說，有人是紫微星守命，就只知道紫微星是帝皇之星，就大叫人人都得讓我。在生活中也以帝皇自居，對紫微星之專橫及偏激的個性，全不理會。這種人就不懂術數比懂術數還好。

對歷史熟悉的人，都知道自古以來有所謂賢君、昏君、暴君，更有亡國之君。

朱元璋是帝皇，崇禎也是帝皇；順治是帝皇，宣統也是帝皇，其間遭遇差別之大，霄壞之別也。所以，斗數中的紫微星，有無文武百官朝拱，際遇可以有極大的分別。

不少人知道自己個性專橫偏激的缺點，還故意去加重這方面的傾向，這除了是忽視後天的修為外，更容易造成眾叛親離。

「上交不諂，下交不瀆」，不管是否紫微星守命，也該是處世須知的道理。

欺世盜名

術數界自古以來都有一種現象，就是欺世盜名之輩特多。

江湖術士，不少人自鳴「著作等身」，名之為著作，其實是抄襲，東抄西抄的又成一本書。

台灣有一位術士，出版了很多本「鐵板神數」的書籍，東抄一點《皇極經世》，右抄一點《協紀辨方》，輯而成書，居然也有圖書館買來收藏。而更甚者，有術士根本不懂「鐵板神數」，然卻冒充內行，出版「鐵板神數」的書籍，把讀者導入五里霧之內。

紫微斗數的情況也一樣，坊間現在有不少紫微斗數的書籍，過半是抄襲之作。天下文章一大抄，而術數界方面尤烈。而最害人者，還不是抄的問題，是有人譁眾取寵，說發明甚麼新方法，莫名其妙之至。陳希夷祖師若有靈，亦當為之搖頭。

不少人問過我，想學紫微斗數，應買甚麼書籍？有感而寫出上述情況。看來想學術數的朋友只能求諸古籍了。

閻王？

某年，聽說有一江湖術士準備移民，為了到彼邦生活舒服點，不擇手段的去謀財。最為人齒冷的，是有一位女士到他那裏算命，被他恫嚇的說：「不出三月，必有滅門之禍。」

而下文呢？江湖術士就對那位女士說，除非她能拿出一筆錢來，替她拜神禳解，那麼禍事才可避過。

星家六戒中有一戒，不可明言人在甚麼時候死，免人因此而有無比的心理威脅和不安。

所以，如果術士真有功夫，道破人的死期已是犯戒。若道行低淺無此功力者，則屬胡謅，其罪更大。縱使不知道星家有此戒條，但應該明白術士並非閻王，既無權操縱人的生死，亦無權把人從死門關救回來。

「生死有命，富貴由天」，研究術數的人自然相信這句說話，然不管這話是真是假，但如果有術士說，他能夠操縱人的生死，則不必審判，已知他是包藏禍心，準備着在騙人了。

下流

人的死期，是否定數？業術數者，大多都相信有所謂「壽增一紀」之說。一紀者十二年，是說一個人積德行善，縱使命裏壽元已盡，也會添壽十二年。

在鐵板神數的條文中，有「借問一聲身外事，遇X是歸期」之條。假定說是遇牛吧，即是說遇牛年會死亡，但每十二年有一牛年，亦即相等於相信有「壽添一紀」之事。

汪精衛的姪兒汪希文，當年在術數界頗有聲名，然推斷自己死期尚有錯誤，過了死期後十餘天在沙田晦思園以自殺告終：可見壽元一事，頗有天意。明乎此，一般業術數者諱言人的死期是有其道理的，更何況有星家六戒的戒條存在。

「積善之家必有餘慶，積不善之家必有餘殃。」

而業術數者，也有分「積善」與「積不善」之輩，積善者導人向上，激勵人的鬥志。

積不善者，以語言嚇人，以求達到斂財的目的。

謀及無知婦孺，以死相嚇，再而訛稱代為禳解斂財，直是下九流的術士所為。

哈！準了

近年來，很多報章都有小小說，有些寫得十分精彩，我也來湊湊興，東施效顰，寫兩則有關術數界的小小說。

話說有一名江湖術士，對紫微斗數一知半解，但在斗數的熱潮中，也設館掛牌為人算斗數。

有一天，有一名年約三十歲的顧客上門，報上出生日期後，術士即伏案為他草列星盤。

術士對顧客說：「你父母雙存，兄弟三人……」

術士還未說畢，已見顧客在搖頭。

顯見不對了，術士立即說，這是天盤，不對就要看地盤。列出地盤後，術士說：「父死母存，兄弟二人……」還未說完，顧客又搖頭，但補充一句說我並無兄弟。這時術士說：「算人盤一定準，再算過。」

結果，人盤算出，父存母亡，並無兄弟。哈！準了。顧客走後，術士洋洋自得的對徒弟說：「算紫微斗數，最重要懂得天盤、地盤、人盤，方可萬無一失。」

鬼神胸懷

有不少朋友來過我家裏探我的，發現我家裏既無安地主，亦無設任何神位，不免都有點奇怪。直到近年有弟子送來一尊開了光的藥師佛給我，說我年邁可保平安，我才鄭重的供奉起來。

有朋友心目中，我既是鑽研術數之人，自然會相信鬼神之事，家中自然少不了地主及神位等東西。

記得在四十多年前，開始拜師學藝，先習「子平」，隨後學紫微斗數、風水等各門術數，一直以來，都因為相信一個人的運程必有起伏，問題是如何算出其軌跡而已，而潛心學習，其因在此。

至於鬼神之說，並非不信。只是認為一個人如果能夠積德行善，冥冥中自有鬼神之助。相反的如果專做一些損人利己，輕信寡諾，欺師滅祖等積惡之事，則除天怒人怨之外，縱每天燒香拜神，鬼神亦必不祐。記得某廟宇有以下一聯，印象頗深，也說明鬼神的胸懷：

福己禍人，任你燒香無益；
順天行道，見我不拜何妨。

報應

研究術數的人，必然相信因果報應之事。而因果報應，是一件十分奇妙的事，其中更有近乎不知者不罪，明知故犯者最大罪的道理。

譬如說，你無意中做了一件傷害了人之事，而你又不知道有報應這回事，那麼報應會很輕。

但如果你是懂術數的人，知道有報應這回事，在明知道含血噴人是一種孽，而偏要去作孽，又明知做這種事會有報應，卻一樣去做這種事，則其報應會很大而且會來得很快。

道理是：修行的人，目的在去孽，是把此生之孽除去，所以，在此期間去作孽，此孽之果會很快便暴露出來，是為報應。

有因必有果，是平衡的，今日對人作了孽，等如負了債，異日必受回相等的孽。

每念至此，不能不有所唏噓矣！

功力

江湖術士多擅吹噓，所以在五十年代極多「哲學博士」，現在則極多「一代宗師」，而更進步者則是「叻過師父」矣！

曾有朋友問我，如何可確知一個人在術數上是否確有功力，我當日答朋友的說話，現在似乎應該寫出來讓讀者也知道一下，免為江湖術士所騙。

凡在術數上有功力者，以下六項事必定算得準確：（一）個性。（二）童年家境，父母存亡，是否有異父或異母。（三）兄弟人數。（四）婚姻情況包括已婚、未婚或已離婚等。（五）子女人數。（六）過去運程。

如果上述六項事不能算得準確，則說得天花龍鳳也沒有用。因為前事既然無法算準，後來之事又如何能準。一般江湖術士最擅長者，先扯遠來說，再而讚人聰明、有義氣、樂於助人、早年曾有牙痛、發燒、小心交友、不宜賭博等。放諸四海而皆準，拿來算希特拉、列根以至查理斯王子，也不會出錯。

青龍白虎（一）

不少在江湖上混跡的人，最喜歡說「左青龍，右白虎」，記得有一次看電視，一位業餘風水師，也在說「左青龍，右白虎」，並說他設計的建築物，根據風水學說，設計上是左邊高，右邊低，以符合「左青龍，右白虎」云云。

其實，「左青龍，右白虎」，只有在坐北向南的建築物才可以這樣說，其他各向都不能說甚麼「左青龍，右白虎」。

理由是凡坐北向南的建築物，它的左方就是東方，東方屬木，所以可說青龍；而右方是西方，西方屬金，所以可稱「白虎」。古人所說的「左青龍，右白虎，前朱雀，後玄武」，是純粹說向南的房子，前方是南，屬火，所以可稱「朱雀」，而後方是北，屬水，所以說「玄武」。然青龍白虎等亦僅屬名詞而已，吉凶當另有所定奪。

今見不少江湖人士，連這一點點簡單的道理都不懂，總之不管甚麼方向，都說「左青龍，右白虎」，凡左邊高，右邊低就一定好，而相信的人又很多，這才叫人氣結！

今「玄空學」即風水學之被污染，已不止此，已到了甚難補救，而識者又不肯露面加以糾正，誠可嘆也！

青龍白虎（二）

前篇說過「左青龍、右白虎」之給人亂用，是確有根據的。

記得年前有一位朋友，他研習風水學多年，他在港島區某處擁有一個住宅單位，那是七運坐西向卯，即坐西向東的房子，走西宮（西門），電梯在乾宮（西北）位置。

這房子在七運來說是風水不錯的，是七運最佳的「到山到向」之局。

但進入「八運」二〇〇四年之後，這房子自然不免略為退氣。且「乾宮」的八白伏吟為此宅之弱點，是我朋友所不喜的。所以，朋友在二〇〇四年之時就把房子出售，但不知如何，他雖然叫價不高，卻一直無人承接。

直至有一天，有一位據說是學過風水的人，帶同師傅來看，一看之後就立即把該房子認購下來。

那天剛巧我也在場，他們並不認識我，我奇而問之說：「這房子風水好在哪裏呢？」

原來他並不根據飛星原理，只說因為該房子出電梯後向左走才入屋，左為青龍，所以好。如果出電梯後向右走就不好，因為右為白虎云。真的使人啼笑皆非！

遺憾的感覺

「書有許多還未讀，事無不可對人言。」有一天自己到某書店去買書，發現了許多好書，是自己未曾讀過，很想一下子全部買回來，回家慢慢細讀。但回念自己年事已高，視力亦大不如前，確實無法完全把那麼多的著作一一細讀，因而心中有點遺憾的感覺，便想起文前的一副對聯！

同時亦想起有某江湖上以術數來混飯吃的人士，在電視節目上誇誇其談及十分自傲地說，他所有術數的書都讀過了，十年之內都不必再讀書。

這是我有生以來第一次聽到這麼自誇和自滿的說話，而奇怪的是他的說話卻得到不少無知者認同！

所以，我常認為今日的香港，可能是教育制度所形成，術數方面不要說有甚麼突破，能有人做到承先啓後，已確是十分難能可貴之事。今日的青年，當然有不少是有志之士，勤力上進的學生，但卻亦有不少的人，你叫他讀書，難矣！你叫他通宵「打機」、「煲碟」，他卻優而為之！偶一為之尚可以，長期如此何以進修！

正名

雖然不斷有人提倡簡體字，但在香港卻有一個很奇怪的現象，就是有人偏喜把一些繁體字多加幾筆上去。

如「生果」就不少人寫作「生菓」，「麵包」寫作「麵飽」，這些例子不勝枚舉。而在術數方面，也有同樣的情形，不少人把「紫微斗數」寫作「紫薇斗數」，那也是錯誤的。因為「紫微」是星名，《宋史，天文志》載：「紫微垣在北斗北，左右環列，翊衛之象也。」而「紫薇」是一種植物的名字，屬落葉喬木，花紫紅色或白色，如穗狀。所以「紫微」不可寫作「紫薇」。相似琵琶與枇杷不能通用，否則便有「滿園簫管盡開花」之讖矣。

又最近，更在廣告上看見有「子評命理」，把「子平」改為「子評」更無道理。因為「子平」是人名，徐子平也，宋人。根據《辭海》所載：「按相傳徐子平嘗注珞碌子三命消息賦，後世術士為人推算八字者多宗之，名為子平術。」想不到徐子平歿後幾千年，在香港給人改了名字，亦奇矣。

電腦算命

目前在台灣及香港，都有人設計用電腦來算「紫微斗數」。不少朋友問過我對此事的意見，並問我有沒有興趣搞這套。

我的意見是，目前的電腦，尚未能有思考及衡量的作用，所以應該還未能用來算紫微斗數。因為一般星盤草列後，往往要花一段時間去思考和衡量，然後可定禍福。最簡單莫如判斷來客所報時辰是否準確等，電腦就無法代你決定這個問題。只能你報甚麼時辰它就算甚麼時辰，所以時辰稍有差誤的話，所得的結果就會有很大的誤差。

所以我認為利用電腦草列星盤尚可以，若由它來算禍福，則仍過於冒險也。

電腦算的「紫微斗數」批章我也看過，實在太簡單了，只是一般性的說話，對六親情況固然沒有推斷，對運程也說得十分模糊，與真正名家的推算，相差得太遠了！所以朋友問我有沒有興趣搞這套，我說免了。不如讓我多點時間再深入鑽研，以求在術數方面進入更高的境界。

虛與實

凡算過命的人都知道，中國人計算年齡的方法，是用「虛齡」的，與外國人所使用的「實齡」完全不同，兩者有時相差頗大。

中國人一離開母體生下來便叫做一歲，而外國人則要到一年足之後才稱一歲，前者是「虛齡」而後者是「實齡」，而目前在香港，一般人說自己的年齡也多以「實齡」計算。只有老一代的人仍以「虛齡」計算而已。

有不少朋友問過我，中國人為甚麼會這樣計歲數的，而算命為甚麼一定要用「虛齡」？

其實說一個人的年齡，「虛齡」與「實齡」都有其道理存在，只是觀點不同而已。可能西方人較注重現實，所以要見到「實物」後才可開始計算，是以要滿一年才夠一歲。

但中國人的看法卻有異，認為人的生命開始於母腹懷孕之時，十月懷胎，是故人一生下來便是一歲。所以不可說「虛齡」沒有理由，是中西的觀點不同，計算人生起點的方式有異而已！

靈

中國各門的術數，大致都有其本身一套的計算公式，其中有極度守秘的，如鐵板神數。

但無論如何，術數的計算方法，是有別於一般的數學，既不可能以面積、體積、重量、速度等去比較，而有些現象則更非目前科學所能解釋的。

玄學到底是玄學，講究的是「靈」。人的「靈」出自何處，是大家都無法答覆的問題。是否「靈」控制着人的命運？記得很多年前，初學紫微斗數的時候，對於有一些午時（中午十一時至一時）出生的人，算出來太陽卻是在子宮（代表深夜的宮度），感到十分莫名奇妙，心內有極大的懷疑，是自己算錯吧？但公式卻是明明如此的。

當時曾就此事問過師父，師父的答覆非常簡單，但並不是甚麼虛星、實星，是「你知道出生時靈在何處乎」？

說來很玄，但卻是一句真正點竅的說話。

八卦

全世界都知道，十七世紀西方數學家萊布尼茲的創出二進制數學，靈感是來自中國的八卦。

八卦互相錯疊，可成六十四卦，每卦六爻，共三百八十四爻。陰陽各半，也是說只有陰陽之分，二進制觀念即由此而來！而今日的電腦，全部是採用二進制的，可見二進制在數學上貢獻之大。

在鑽研卦理多年後，我自己的感覺是，卦是很奇妙的一回事，而且肯定其中暗藏有鬼神的道理。

倪匡先生說這是「靈界」之事，不無道理。但科學上在這方面確實研究得太少。

每想到外國人拿到八卦就創出二進制數學，而中國人不少一見到八卦就說是迷信的東西，都興起一番的感慨！

數

大數學家微積分的創始人萊布尼茲在得到中國的易卦圖後，並不知道中國人如何使用易卦，但潛心研究後，卻給他創出了二進制的數學。

卦爻分陰陽，陰陽之變，只是最簡單的一種變化。但由此而創出的二進制數學，用於電腦後，對這世界的貢獻不可謂不大。

每念及此，覺得卦理上還有許多更複雜的變化，或許可以創出另一門的數學。

舉例來說，乾卦代表的數字，先天卦是一，後天卦是六，換句話說既可為一亦可為六，同理兑卦既可是二，也可是七……

還有諸如各種卦數之變等等，雖然古籍對這些數學都有解釋，但始終停留在玄學的範圍。

只是一般人見到《易經》，就說它不過是卜筮之書；見到八卦，就說它是迷信的東西。從未想到它可能是另一種智慧的寶藏，殊為可惜！

統計？

有不少人認為中國的術數，不過是統計學，我認為這是很大的誤解。

這是完全漠視術數的計算方法！

而且，不少極私人的事情，根本是不可能統計的。

在過去，亦有人認為中國人之能確定夏至與冬至在每年的哪一天，也是經過相當年月統計得來的結果。

夏至是每年日影最長的一天，冬至是每年日影最短的一天。

試想想，如果通過統計學，要經過多少年，才可以得出一個規律，知道每年哪一天是冬至、哪一天是夏至。

但中國人在上古時期，已能確定夏至與冬至，這肯定不是由統計學而來的，是古人已掌握到一個計算天象演變的方法，從而知道每一年哪一天是冬至、哪一天是夏至。

斗數源於道家，推崇陳希夷，我更不相信那是通過戶口式調查而創出來的術數。

異人

有人問我，既然不相信中國的術數是統計學，那麼是如何創始出來的？

我個人的意見則認為，每經過相當年代之後，必有「異人」出現，只是看這個「異人」長於某種東西而已！而其特殊的天賦或者在某方面的夙慧，如何得來根本是無法解釋的。舉例來說，香港許多年前就出現了一位「神童輝」，他對數學的天賦，計算乘數快於電算機，也是無法解釋的。只可說他對數學特別「敏感」而已！

香港與中國大陸比較，只是一點極小的地方，也有「異人」出現，雖然其夙慧只在基層數學之面，但由此可以想像到，中國地大物博，兼具有數千年文化的歷史，其中出現過對「靈界」特殊敏感的人物，可說一點也不出奇。鐵板神數推崇邵康節，紫微斗數推崇陳希夷，風水學推崇楊筠松。在我來看，這些都應是中國古代的異人。

單看邵康節所著之《皇極經世》一書，不論其價值和準繩度如何，在那個距今近千年的時代，推算億兆年之事，豈是凡人所可想像的！

風水

很多時都覺得，科學與玄學的聯繫太少，有許多玄學上的徵驗，科學上是應該可以找到解釋的。

我一直以來都相信，中國人的風水學並非迷信，必然有其道理存在。

但我説的是正宗的風水學，並非江湖術士教人懸掛三叉八卦的那種所謂「風水」。

真正懂風水的名師，在進入任何住宅，開啓羅經測度一番以後，家中各人的情況，特別是健康情況，都能歷歷如繪瞭如指掌的説出來。

是甚麼東西透露這些秘密，説穿了是卦而已，而且準繩度奇高。

所以我常認為，譬如說風水學之二五主病，一四七九主風流等等，其中必然在科學上可以找到解釋，是磁場之影響乎？是輻射之影響乎？

有人說中國的風水學是地磁學，我是相信的。而且相信在不久之將來，風水學得到科學的解釋、掌握到對人類生活的影響後，對人類將來會是一項極大的貢獻。

尺

在紫微斗數中，天梁星是一顆具有夙慧的星曜，所以此星守命或守福德宮的人，一般都有較強的預感力。

曾經見過有人有極強的第六感，在許多事情未發生前，都似隱約的預先知道似的。但第六感這事很奇怪，似乎是有高潮和低潮的，在高潮的時候預感力極強，在低潮的時候又似一無所知！

在江湖上，曾經見過有人完全不懂術數，更不懂何為風水學的，就單憑靈感或預感力替人論命或看風水，而且居然做得頭頭是道。

但我始終認為，這些人以此營生而不好好去學術數或風水學，是十分吃虧的，因為靈感或預感力並非絕對可靠的東西，在失去靈感時豈不變成胡說八道。

真正好好的去學習一門術數，等如自己手中掌握了一把尺，不論有靈感或沒有靈感，同樣能測量出具體的情況，在預感力強的時候自然如虎添翼，在預感力弱的時候也不致一籌莫展！

理論與實用

過去和現在，都有不少讀書人對易學有研究。他們之讀《易》，主要在研究中國古代之文化，極少用於卜筮。

所以，在玄學方面，就被人冠以「學院派」的名稱，他們對《易經》，可以有極高深的理論，但卻極少付諸於「實用」方面。中文大學的何文匯博士，對易學有極湛深的研究，亦有著書立說，他就這樣的對我說過：「我學的是純數學，而你學的是應用數學。」可以說形容得十分貼切。

純數學就是純理論，而應用數學卻是付諸實用的數學，只是應用數學亦需有純數學的理論根據，然後才可以發展下去，所以純數學可說是應用數學之母。只是在鑽研純理論方面，必然較為枯燥，自不若實用方面之「多采多姿」。但若無純理論之支持，實用方面的發展亦必然受到局限。所以，兩者之溝通實在十分重要。

而這個世界，亦因為有人肯對各種極枯燥的東西，孜孜不倦的研究，才促使了這個世界不斷的進步。

傻子？

如果你懂術數，就一定會有不少朋友提出各種有關術數的問題來問你，這是很自然的事！

例如曾有一位朋友問我，中國有哪一門術數是最易學和最準繩的。

中國的術數分有各門各派，如鐵板神數、紫微斗數、子平命理、河洛理數等等，不一而足，但都不是容易學的。要學得精，更講究個人的天份與夙慧。只是，有些根本不能稱為術數的「術數」，卻是可以即學即曉的，只是並無任何準繩度可言。

譬如《通勝》上所載的「秤骨法」，一般人都可以即學即曉，這種東西拿來遊戲還可以，拿來論命就不免貽笑大方了！

除此之外，還有很多門同樣稱為「術數」的，也可以即學則曉，既無功力高低之分，更談不上準繩。可能是我太主觀，我常對人言，我認為中國術數是一門「學問」，凡屬學問的東西，必無即學即曉，否則數十年如一日、廢寢忘餐去鑽研術數的人，豈非盡屬傻子？

人造時間

無論是推算紫微斗數或任何術數，一個人的出生日期和時間，可說是基本數據，以後的一切變化，都是由此數據演變而來，所以，第一個數（基本數據）如果錯誤的話，那麼，以後演算出來的數都是錯誤的，而距離出生日期愈遠的數，也就愈錯得厲害。

所以，替人論命者，首要是鑒定時辰有沒有錯誤，然後方可推算下去。

一般人對於自己的出生日期，都是由父母方面得知的。但現時的現象是，很多在某些年份在本港出生的人，特別是夏秋間出生的，出生日期雖然準確，但出生時間有誤的很多。時辰有誤的話，自然無法算得準確了，原因如前述。至於為甚麼有這個現象呢？

最大的原因是那個時候有夏令時間，許多身為父母者，只記着當日時鐘上所見到的時間，而忘記了夏令時間是撥快了一小時，是「人工製造」出來的時間，算不得準。所以，很多時以上一個時辰推算，又會準確，其理在此。

宿命論

香港有不少的江湖術士，動輒的說替人消災解禍，從而騙錢。

他們所持的理論，就是「後天可以改變先天」。

這個理論是否可以站得住腳？

「後天可以改變先天」之論，除了可以拿來騙錢之外，尚有一點最重要的作用，那是江湖術士本身功力低，替人論命經常算錯，在無法自圓其說之時，就說是「後天可以改變先天」了！是替自己開定一個「後門」。

除非你不算命，算命就得相信宿命論，不論宿命論是否有科學根據。而相信的是，確有這樣的一套法則，可以算出一個人的一生歷程。

如果反對宿命論，認為一個人的命運，完全操在自己的手裏，那麼，算命是多餘的了。算出來的東西都是模稜兩可的，都說是可變的，變成前事不準，後事不準，那麼有甚麼價值！

宿命論現時雖然未有科學根據，但卻不能說永遠都無法找到科學上的根據。破解這種「靈界」上的現象，或許是時間的問題而已。

值得存記

倪匡先生多年前曾在某雜誌上談「靈界」之事，說到一個「靈界法則」，極為有理。對反對「宿命論」而又去替人論命的人，一針見血；對持「後天可以改變先天」論的人，揭穿了其虛偽的所在，值得鼓掌喝彩。

「若不是命運早已安排定了這一切，怎可能算得出來？」這句說話問得很有力。「所以，如果有甚麼人，不論他根據甚麼方法，號稱是天上神仙下凡也好，算出了一個人將有甚麼災禍，而又告訴這個人，再通過某一種方法，可以消災解禍，趨吉避凶的話，這種行為，都是在騙人，是在邏輯上連最根本都站不住的謊言。」

倪匡先生是推理科幻小説名家，想不到他對術數的推理，也有如此精闢的見解。所以才忍不住做了文抄公！最後，倪匡先生在文末又説：「每一個想在靈界之中，探索自己未來命運之人，都應該十分清楚明白這一點，才不會被江湖術士所騙。」

值得存記，值得存記！

消災解難？

一連寫了兩篇「宿命論」，不是鼓吹迷信，只是希望好算命者不要為江湖術士所騙而已！但相信不免有人會問，那麼陽宅風水，懂得經營者，也無法改變個人的命運了？

答案是「對的」。

凡懂風水學的人，都知道有這麼一個很奇怪的現象。一個人走運之時，他會很自然的住進非常好風水的房子。而且各樣擺設，大致亦很符合風水學道理。但當一個人失運之時，所做的就恰好相反。這是十分難以解釋的。

多年前與本港的風水名家馬師父共醉樽前，他也認為確是如此。而且他更認為風水無法把一個人的惡運扭轉而使之變為好運。假如說一個人注定會遇到凶險，那麼，就算有極好的風水相助，亦無法避免，最多是把凶險的程度減低而已，但凶險之事始終是要應驗的。風水名家之言尚且如此，對江湖術士之胡謅，如何替人消災解難，目的在甚麼，不言而喻了！

化忌

夜看台灣出版的紫微斗數書籍，覺得與自己所學的斗數確有很大的分別。台灣斗數的徵驗如何，我不知道。只是知道台灣方面，斗數的熱潮已掀起了多年。而以個人的意見，則認為台灣的斗數，在「四化」不同方面，天同星不化為忌星似乎頗不合理。而在我們算到天同星化為忌星時，台灣有一派的斗數卻是太陰化忌，換句話說，太陰遇到乙與庚都是化忌的，有兩個化忌的機會。該派斗數的理論是，天同星是福星，所以不化忌。

我們所學的斗數是，天同星是福星，在大部份的宮度不怕化忌，但它肯定是可以化為忌星的。

天同星化忌與太陰化忌所帶來的影響，應該有很大的差異。我既見過天同星化忌守命的人，亦見過太陰化忌守命的人，個性上可說有極大的分野。所以我實在無法相信，天同星化忌其實就為太陰化忌之說！

揭秘

東漢魏伯陽所著的《周易參同契》，本來是一本古代方士煉丹的書籍，其中牽涉及頗多的卦理。

在所謂「新潮」人士眼中，這是一本百分之一百的迷信書籍。但在一九八一年之時，中國湖南教育出版社出版了《周易參同契新探》，把《周易參同契》所論述的東西作了相當科學的解釋。

據該書的作者在內容提要上說：「經過長期的研究，認為《周易參同契》的基本內容是關於人類身體內在奧秘的探索，是對人身元氣（目前多譯為「能量流 ENERGY

STREAM」）運行軌跡所作的紀錄，是對人體生物場能量運動所作的數字描述……論證了《周易參同契》體系與當前引起廣泛興趣的生物場能量的研究、人工智能的模擬設計及中醫脈學、針灸、氣功、五運六氣學說等科學學科的直接關係。」

中國古代的超人智慧，每多加上神秘的外衣。至目前為止，其實還有不少神秘的東西，正等待着不怕被人指為迷信者去研究和發掘！

匙

從中國湖南教育出版社出版的《周易參同契新探》，給了我很大的啓示，雖然我並不明白書中所說的甚麼「場效應」等的科學名詞。

煉丹之術，自古以來被不少人誤解、曲解和踐踏，不料腳下所力加踐踏的，卻可能是另一門科學的鑰匙。該書作者有一段文字大意是這樣說的：「相當長時期以來，中國的科技一直處於停滯狀態，一個世紀又一個世紀，只羨慕人家科技思想的發展，而沒有覺察到，最高深的科技思想，就在自己的家園之內。」

該書的作者對西方科學思想的發展路向亦有所質疑，其中有一段說：「現在西方科學的帆船究竟航行到甚麼地方？它的前面究竟是個甚麼樣的國土？名字是甚麼？這依然是一個跟獅身女首石像（SPHINX）同樣巨大的謎。當謎底揭曉的時候，東西南北的人都將拍案驚奇。」試想想，不加思索的斥人家迷信是多麼的輕易，但由此毀去的東西，可能是異日才發覺的寶藏之匙！

另有天地

一連談了兩次的《周易參同契》，不料引起朋友的誤解，以為我在鼓吹煉丹之術和長生不老之藥。所以，覺得要補充一下。

無可懷疑，《周易參同契》是古代方士煉丹的書籍，但中國湖南出版社出版了一本《周易參同契新探》，詳細闡述了其理論的基礎，生物場能量的研究。

煉丹和長生不老之藥，據史籍所載，是徹底的失敗的，有好幾位皇帝也就因服食這些丹藥而致命！但我要說的，不是重新研究煉丹和長生不老之藥。只是說明中國方士在煉丹之前，已探索到人體內的奧秘，對人身元氣（能量流）的運行軌跡作了紀錄。

至於接着發展煉丹和長生不老之藥，則可能是發展方向的錯誤。

舉例來說，中國人最早發明火藥，用諸於爆竹和煙花，是發展方向之一；而用諸於軍備武器方面，則是另一個路向。

同樣的，《周易參同契》是否還另有路向，可發展出一個新天地，就是我們要思索的。

答問

中文大學有一位學生寫信來問我，大意是一個人的命運既然大致無法改變，那麼學懂術數有甚麼用？術數這門學問又有甚麼用處？

我鑽研術數純是個人的興趣，業餘的寄情，只知耕耘，未問收穫。如果認為術數是一門學問，那更應採取這個態度！

所謂「君子學以聚之，問以辯之，寬以居之，仁以行之」。學問積聚了，甚麼時候可用，是另一回事，但總豐富了自己的思想，擴闊了自己的視野，增加了自己的涵養。

舉個例說，如果你算到某天在工作上會有人欺負你，而到那天果然發生了。那麼，你的反應除了覺得自己的術數確有功力之外，由於事先已知會有這種事發生，結果就會一笑置之。

「一笑置之」雖說容易，但在別人眼光來看，這已是修養。而更重要的，是在成功時減少了驕傲自滿、知進不知退、知得不知喪！知命之重要，即在於此。

五行互通

我説各門術數可互補短長，是不爭的事實。甚至中醫，若兼精通術數的，也有或多或少的幫助。

因為在五行「金、木、水、火、土」方面，所代表人體上之器官，中醫與風水學是共通的。

如金主肺，木主肝、水主腎，火主心及眼、土主脾等。

不過中醫是把五行用於人體之內，而風水家則把五行用於大自然之上。

如風水家見火剋金則主肺病，金剋木則主肝病，大致如此，當然其中有更複雜的變數，從而知道得更細緻者。

在這方面，我與本港名中醫劉逢吉先生談過此事，他也同意我的說法。

特別是肺病或有嚴重咳嗽之人，在寅時（半夜三時至五時）之間，是最辛苦難過的。因為肺既屬金，則以命理來說，庚金絕於寅，所以，寅時是肺最弱的時間。據說中醫方面亦有「寅時肺氣門」的說法。而古老傳說，肺病的人，去世的時間亦每多在寅時，亦數也！

溝通重要

我在八十年代初，一九八〇年左右開始談「紫微斗數」，後來更在報章上闢有專欄，那時候懂紫微斗數的人並不多，有人甚至連「紫微斗數」之名都未聽過。

不料到三十餘年後的今天，紫微斗數已到了氾濫的田地，不少人都曾拜師學過「紫微斗數」，但懂得「紫微斗數」的人多並不等於他們都精於此術。

我接觸不少自認懂紫微斗數之人，但發現他們實在所知仍少！不要說六親方面他們無法正確地去推論，甚至吉凶方面，有許多時也出錯，至於富貴之分野，富可以富到某程度，單憑財帛宮的星曜化祿去推斷，就無法分高低了！

吉凶之推斷失誤，許多人都知道那關係乎「空亡」及「截空」，「空亡」與「截空」是並不一樣和影響力亦不大相同的，這已不是甚麼奧秘。

但最多人忽略的，反為是神煞。

說到神煞，在各門術數中自然是以「六壬數」的神煞最多。我認為因為「六壬數」比「紫微斗數」出現的年代更早，所以不少「紫微斗數」的神煞亦源自「六壬」，而研習「六壬」的人，一般都會十分重視神煞，所以我常說，能同時懂多門術數，互相溝通，自然會了解更多而在術數上更上一層樓。

月將之謎

自己研究了紫微斗數、子平命理、玄空學（風水）等多年，近十年來更沉醉於研究「六壬數」。

對於「六壬數」有甚麼心得，自己不敢說，不過卻服膺於此數能斷事之廣和準繩，古人對術數上的智慧決非今人能及。

六壬數在起數方面，最重要的應是「月將」，許多沒有研習過六壬數的讀者，可能不知道「月將」是甚麼東西。

其實「月將」就是太陽與地球相對的位置，舉例來說，如現在是「立春」之後，「雨水」之前，「月將」在子宮，也就是說太陽剛好在地球的底部，所以這段時間南半球是屬於夏天的。

以現代人來說，當然知道太陽與地球相對的位置在哪裏。但要知道六壬數是中國最古的術數之一，有數千年的歷史，相傳是九天玄女教黃帝用以滅蚩尤的。

數千年前人類未有離開過地球、沒有上過太空，如何得知太陽與地球每日相對不同的位置？那麼，九天玄女是神還是外星人，真的是個疑問。

所以習六壬數的人，除了服膺它判斷事物的準確之外，亦必相信「舉頭三尺有神明」。

邏輯

我常說卦理藏有很多鬼神的玄機，並非鼓吹迷信，只是希望將來有一天，對於卦理能有科學之解釋而已。

有一位業則師而略懂風水學的朋友，對我說過一番頗有科學邏輯的說話，可以寫出來讓讀者參考。

他的見解是地球是一個大磁場，所以在地球上建屋，不論建成甚麼形狀，都會形成另一個不同的磁場，而人住在其中，便有各種不同的影響。而風水之與卦有關，是因為卦也是論方位磁場的，所謂太極生兩儀，兩儀生四象，四象生八卦是也！他堅信將來科學必有解釋，一如針灸已破除了迷信成份那樣。

第三章

閒話世情人生

完美

完美，當然是好的。但絕對的完美，有時又會轉趨平凡，或者變得俗了！

對人、對事、對物，細心觀察，往往都有這現象。

譬如對某些藝術品來說，由於各人的主觀不同，會覺得某些地方不足，又或如太大太小，到得完全符合所想望的，又往往會有瑕疵，到全無瑕疵之時又會覺得平凡或俗了，所以才有缺陷美這回事，小小的缺陷，其實是足以襯托起美的部份更美的。

以紫微斗數來說，太陰（月亮）守命的人，以十二宮來說，當然最好是在亥宮，所謂「月朗天門」是也。若再求更完美，丁年出生豈非更好，太陰化祿也。豈料太陰化為祿星之時，巨門星即化為忌星緊躡在福德宮裏，是命中的一大瑕疵也，在福澤上即打了一個很大的折扣。

盈虛有數，過滿則盈，在中國的術數中，無論哪一科，都存在着這個道理。亦可以說是天道也，天道損盈以益謙，鬼神害盈以福謙，信焉。

謙

天道循環，盈虛消長，莫不有數。凡是讀經濟學的人，都知道有蕭條期、復興期、繁榮期等的輪替，而且無可避免，只有想辦法把蕭條期縮短，而把繁榮期盡量延長而已。但無論用甚麼辦法，縮短與延長都有一定的限度，決無辦法把這個過程完全扭轉過來。

明白盛衰之理，個人在有成就之後，就不會流於浮誇。

而「謙」，相等於把繁榮期延長，或者是再進入另一高峰的手段。

在《易經》中，也有謙卦，對人生有一定的啓示作用；如二爻及三爻的鳴謙與勞謙，都是吉的。鳴者名也，是有名而謙的意思。有名而謙則其名益彰，其德益進，是故吉也。

而勞謙者，有功勞而謙也，則人更敬重之，而得到的助力會更大也。

古者自誇善射者多死於矢，善戰者多死於兵，善泳者多溺於水。所以凡事能謙，無形中加強了警覺性，而更有為人敬重的謙謙君子的形象。

天數

在進入夜的黑暗之前，必先有金光燦爛的黃昏，而黎明到來之前的一剎那，又會是特別的黑暗。這是大自然的現象。而在人生的運程上，亦每有相似的情況。惡運到來之前，必先有小喜；而上佳好運來臨之前，亦必先有小挫折。

在時代的進展，亦多歷盡劫數之後方有盛世；而劫數到來之前，又會有一番風光的假象。是天數也。

大家都會承認，中國在文化大革命的十年應是最黑暗的十年，二千萬人屈死，多少人妻離子散！不要説一般人難逃劫數，甚至鄧小平亦經過一番的風浪。到今日，曙光已現，作為中國人，當然希望這是盛世的開始。

在歷劫的環境中，能委曲求全，說來也不容易。但若能明白天數的演變與循環，當能加強個人在困苦環境中沉着奮鬥的信心。

正是：尺蠖之屈，以求信也。龍蛇之蟄，以存身也。

圓缺

中國人講究中庸之道，最大的意義當然是不走極端。物極必反，是千古不易之理。而在中國很多門的術數中，也有這個理論存在。如「子平命理」，祿位是取臨官之位而不取帝旺之位，就是避過最旺的地點。除了過剛則折的道理外，到達最旺之點時，就不免會開始走下坡。

又如《易經》中的乾卦，走到最高的一爻時就是亢龍有悔，亦有不取極端之意。

在紫微斗數中，太陽可喜的位置是在旭日初升或升殿之時，到午宮「日麗中天」則嫌其陽光過猛。在走到巔峰的時候，再過去就是下坡的開始，所以不取其極。

於人事上，也多此現象。在娛樂圈中，這個現象更為顯著。而且走紅愈快，消失愈速，是迅速的到達巔峰而又迅速的向下坡走去。這種彗星式的光彩，曾使不少人感慨。

花最紅是謝的開始，月最圓是缺的開始，半點不假。

福氣

不少新潮的人物，認為命運是掌握在自己的手中，只要肯去努力，自然有福。這是不懂命理的人所說的話，因為命運並不單指生活富足、名成利就而已。

中國人所說的福氣，包括妻、財、子、祿，四者缺一，均可說其福不全。

財與祿或者可以自己努力去創造，但仍需配合運氣，而妻與子則非人力所能控制。

有人富甲一方，但無子，有人異性朋友極多，但無終身伴侶。以中國人舊日的觀念來說仍是其福不全。縱使現代的眼光改變了，然畢竟也是人生缺陷之一。

太陽每天早上出來，黃昏西墜，人只能做到的是珍惜陽光、珍惜時間，在有陽光的時間努力，爭取成就。但卻無法要太陽不下山，或者要太陽多逗留點時間。

在自然規律之下爭取得一點點的成就，就大嚷戰勝了命運的人，好處是樂觀、自信與自滿，但對人生很多東西，所知真的還少。

精明

大事精明，小事糊塗，這種人最可愛，也最易有成就。

反過來小事精明，大事糊塗，這種人每每成事不足，而敗事有餘。

那麼大事精明，小事同樣精明，豈非更好。那又未必！

以理論來說，第一：每一個人未必有那麼好的精力，事無大小都能親力親為而又絲毫不差。第二：過於精明者，每多勇於為己謀，而忽視他人利益，則人漸而怕與交往。見過不少十分精明的人，到頭來「人算不如天算」，弄至「眾叛親離」，就因太精明之故。

而鑽研術數者，也深明「察淵魚者不祥」之理。所以，真正懂術數的人，大多認為知道自己運程的大概輪廓已夠，並無需要去推算自己每日運程怎樣。也就是不想知得太細緻。

不少愛開玩笑的朋友說，紫微楊去打麻將也先算過運氣如何，是鬧着玩而已，哪有這回事。

水太清則無魚，難道這個道理我也不明白！

恒

人貴乎有恆、有規律，然後能建立事業，建立穩定的基礎。急功近利，縱然得到效果，始終是屬於短暫的。

北斗星之可貴，在乎它永恆的固定在一個位置，變動依春夏秋冬有一定的規律，然後可以作為世人的一個準確指引，儘管繁星千萬，千古夜觀天象的人，都不會忘記它，而迷途的人也靠它帶出險境。

相反的，彗星在黑夜中劃空而過，發出一陣奪目的光輝，然為時甚暫，所得的是一瞬間的讚嘆而已。過後就大家都忘記了，也無法在夜空中再見到它。而千萬繁星雖被它奪去一陣子的吸引力，卻仍在安穩的閃爍着。

北斗星若喻意永恆，那麼彗星就是急功近利，在夜空中譁眾取寵式的出現，隨着急速的消失，還給迷信的人說是不祥之兆。

人不可無恆，在《易經》中恆卦的三爻已有啓示：「不恆其德，或承之羞，貞吝。」

鍛煉

學「子平命理」者，知道「庚金喜火煉」，意思是頑金得火鍛煉，方足以成器。所以，「火煉秋金」是一個可喜的格局。

在紫微斗數中，擎羊星代表的是刀凶，但進入午宮，逢火之鍛煉，亦有名堂，是為「馬頭帶箭，威震邊疆」。

可見上述兩門術數，對經過鍛煉的東西都給予頗高的評價，與「玉不琢不成器」的思想亦頗吻合。

香港人中，不少從大陸經過千山萬水而來。而這些來自五湖四海的同胞，初期很多生活十分困苦，到現在不少人已建立起輝煌的事業。據知道當日赴京代表港方的基本法起草委員會中，就有部份是當年歷盡千辛萬苦來港，再在香港經過艱苦的生活然後有成的。

「賤日豈殊眾，貴來方悟稀」，有使人在艱苦中迸出火花、磨起鬥志的意義。相反的，舒適的生活，是每一個人都渴望的，但過度的舒適，卻是消磨壯志的利器。

破格

看相的有所謂「十清一俗」，是為面相中的一大缺陷，或稱之為「破格」。

在子平命理中，同樣有這回事，如「炎上格」遇水，「潤下格」遇土，「從革格」遇火等等，都屬破格，是把整個格局破壞了的意思。

通常，破壞格局的，以比例來説只是極小的一點瑕疵。但這點瑕疵處在極重要的地位，因此而把整個格局破壞無餘，使人看着覺得十分可惜。

情況有如稀世之珍的古董，在極當眼的地方出現了一條裂痕。

在歷史上，有不少人本來才智過人、具有流芳百世的偉績，但不幸因一念之差而敗壞名節，破壞了辛苦經營得來的聲譽，有些更弄至遺臭萬年。在大時代的轉變中這種人每有出現，是天數耶！千丈之堤，以螻蟻之洞潰；百尺之室，以突隙之煙焚。螻蟻之洞、突隙之煙，尚可說是外來的禍害，一念之差，既是命運也是本身之過，但同樣令人惋惜與唏噓則一也。

過則為災

在子平命理中，「火煉秋金」是一個可喜的格局，但有一個規格，是火不能太猛，否則變成「火猛金熔」，不單只失去鍛煉的意義，而且毀其質矣。

在紫微斗數中，祿星本來是主財祿的，兩個祿星同時出現稱為疊祿，是相當不錯的格局。但同樣的祿星不能太多，如至四個以上，則不單只不主財祿，而且變質為主疾病。

正是「物無美惡，過則為災」。

使人想起香港填鴨式的教育，過去一直為人詬病，由幼稚園起已把各種知識硬向小腦袋塞進去，也不理學生能否消化。結果不少人未到中學已跟不上，對知識學問從此厭惡者有之，自暴自棄者有之。既屬「揠苗助長」，也是「過則為災」。對孩子的管教也一樣，適度的嚴格可以訓練出人才。但過度的嚴格，達到苛求的程度後，教出來的孩子不單只毫無性格和創意，嚴重的更有呆頭呆腦的現象。

是「火猛金熔」，毀其質而已。

福與禍

從紫微斗數的星盤看人的吉凶禍福，往往會發現如下的事例；（一）表面看來甚好，而事實已暗中藏有禍根。（二）表面看來甚差，而實在福澤正在慢慢培養起來中。正合：福兮禍之所伏，禍兮福之所倚。前者多屬偶有小運，即意氣風發，而至不可一世，再由此而驕而惰。更有甚者，借重權勢而無惡不作，禍即由此而生。而後者則在艱難的環境中，夙夜匪懈、克勤克儉、朝乾夕惕、磨勵起無比堅強的鬥志，終致有成。

以前的人說：「百姓富貴，難歷三代」，其實這是說富家子比較容易流入驕而惰，驕奢淫逸自是傾家的前奏。

而囊螢照讀、卧薪嘗膽等之終能成功，是不斷的砥礪，福澤在暗中培育所致。

此所以富貴窮通，有跡可尋也。

善不積，不足以成名。惡不積，不足以滅身。是為至理。

藏

關於壽元一說，除了注定壽夭及一些特殊的例子外，研究術數有心得者都會發現，一個人如果從未走過好運，那麼，縱使遇到惡運，亦未必死亡。

相反的，一個人如果走盡了好運或在巔峰期間，一旦遇到惡運時，往往就劫數難逃。合理的解釋是，精英未吐盡，自有較強的抵抗力。

相等於一株花木，未經開花結實，對風霜有較強的適應能力。而在大紅大紫、精英盡吐期間，就難抵禦風霜的肆虐。

由此，可以了解「藏英」的重要。

「藏」既是蓄鋭待發的前奏，也是在不斷醞釀精力的期間。縱遇挫折，亦可視之為「降大任於斯人」前必經的考驗。但能否經歷「藏」的階段，其中固然牽涉及質素的問題，否則「蒲柳之姿，望秋而落」，如何經得起風霜，能「經霜彌茂」的，自是松柏之質矣。而天意亦使之有較長的壽元，亦合理也。

知命

曾有不少朋友問過我，一個人到底是「知命」好還是「不知命」好？在術數界中，就常有人提出「不知命無以為君子」之說。

在我個人認為，一個人如果夠豁達，「知命」當然是好事，知所趨避，知所進退，得意時不驕，失意時不餒。

雖然不少人的口頭上常說「君子問禍不問福」，但能知道有「禍」而能處之泰然的又有幾人？其中更涉及個人修養問題。所以，一般精於術數者，在替人論命算到「有禍」之時，多作一定程度的隱瞞！此所以有人說算命是「靈前不靈後」的，亦有人說「好的靈，醜的不靈」。其實很多時並非術者的功夫不夠，只是另有苦衷而已！原因就如上述。

至於從不算命的人，能夠勤勤儉儉，不怨天、不尤人，得失不看得太重，倒不失為快樂人。明白「貧賤生勤儉，勤儉生富貴，富貴生驕奢，驕奢生淫逸，淫逸復生貧賤」，是人間的輪迴，有所警惕，也很足夠。

目標

「鐵板神數」之難，以前有人說過，若無師傅，是可以終生不得其門而入者。記憶中自己在解開「鐵板神數」竅門之前，就曾走過不少冤枉路。有時以為找到目標了，積極的向這個目標鑽研，但花了幾年時光後，又發現這目標原來是假的！結果重新再來過，到一段時期，又會從某方面得到一點「消息」，看來有望了，全力的鑽研下去，但不旋踵，又發覺找錯了目標。如是者，一波三折，不知經過多少的困難，然後找到竅門之所在，知道鐵板神數是甚麼東西！

很多人一生的過程，也有相似的情況。每個人都會有不同的目標，以為找到目標了，不料這個目標卻是假的。結果只有從頭再來過，不斷的尋尋覓覓。幸運的在有生之年終於找到了正確的目標，從此扶搖直上。而亦有不少不幸者，一生中都在摸摸索索，不管摸索的是大目標或是小目標，到頭來一無所有。人生苦短，能夠一開始立即掌握到正確的目標，一往無前，既有夙慧亦屬幸運！

固執

固執可以分多種，有擇善而固執，有外圓內方的固執，亦有不顧一切的固執。

擇善而固執自然最好，至少是肯接受諫議、肯去分析、認定了目標後的固執。外圓內方的固執則是表面圓滑，一切順應他人，但心中主見並無絲毫更改。這種人你對他作任何諫議，他是否已接受亦無從知道，是屬於難於捉摸和更改其主見的人物。至於不顧一切的固執，就是不管有無道理，總之以自己主見為中心，固執到底。

對術數有研究的人都會有這樣的體會，成功人士每多是固執的人，而焦頭爛額者亦每多是固執之人，問題是他們所固執的目標是否正確而已。

紫微閒話

此所以擇善固執最為可貴，能接受諫議，體察形勢，確定目標後就固執的一往無前，成功率自然較高。而不顧一切的固執，既不分析形勢，亦不接受諫議，失敗的機會自然大增。

「人受諫則聖，木受繩則直，金受礪則利」，信焉。

不盡之福

研究「子平命理」的人都會知道，有些人的四柱列出後，立即可以看出十分鋒利，而為人也能幹和本領強。照理說這種人甚具大富大貴的條件。而事實上，這種人每多福澤不厚，縱使在運氣巔峰之時爭得一時之富或貴，而過後每每兵敗如山倒，使人慨嘆！

在命理上來說，這是「吉神太露，起爭奪之風」。在現實上來說，是廣東人說的稍為有風的時候馬上駛盡帷，鋒芒畢露，有勢用盡，有福享盡，未懂收藏之道，而「其福不永」的主因即在此。所以說「事不可以做盡，勢不可以用盡，話不可以說盡，福不可以享盡，凡事在不盡處，意味最長」，是頗有道理的。而一個人的「厚」，每在「不盡」之中形成；而一個人的「薄」，卻每是「放盡」的結果。記得多年前蔡瀾先生在他的專欄中寫過馮康侯老師寫給他的一副對聯，出自晚清名將左宗棠所撰的：

發上等願，結中等緣，享下等福；

擇高處坐，就平地立，向寬處行。

確是極為精警，值得存記。

偏愛

對人、對事、對物，每個人都會有自己的偏愛，而且由偏愛發展為偏見。這是人性弱點之一，而且知道的人不少但卻極難改變過來！

不少對術數十分有研究的名家，對於自己和家人的命運，很多時會請別人代為推算。並非不相信自己的功力，只是為了怕自己對家人有所偏愛，由偏愛而產生偏見，所得的結論往往會差之毫釐，謬之千里。所謂「癩痢頭兒子也是自己的好」，一點兒不錯。每個人都有或多或少的私心，而這種私心也是由偏愛而造成。

要撇除偏愛畢竟困難，此所以古人有「易子而教」之事，亦算是一種方法。

而老於世故的人，常在口邊掛着「疏不間親」的說話，就是太明白每個人對自己「所親」者都有一份私心。所以說，一個人如果能做到全無私心、全無偏愛、全無偏見，在修養上突破了「人性」的掣肘，可預期必為眾人敬佩的人物，只是極不容易做到而已！

飄茵墜溷

人生貴賤殊途，各有因果，如飄茵落溷，就宿命論而言，冥冥中似有天意。

鑽研術數者，很多時都會看到一些「墜溷之花」的命運，迷信者自然說是「桃花劫」所造成，但客觀一點來看，「墜溷之花」，在性格上每有嚴重缺點，飄茵或落溷，既有天意或一種不可知的力量促成。但後天的性格，亦當有參與促成飄茵或落溷的力量。

見過有七殺星守命，三方四正星曜不吉而墜溷的女命，個性倔強和桃花極旺並非致命傷，主因在於任性，再加上不善理財，處事浮躁，易於衝動，對福澤既打一很大折扣，也是促使「花落溷中」的一種潛在力量。

任性可逞一時之快，但會帶來無盡的痛苦；自律有時會令自己十分難過，但可摒卻不少隨着而來的煩惱。

浮躁衝動更易為人所乘，而「以色交者，華落而愛渝」，所以，飄茵墜溷，後天因素出現了左右的力量，使人感嘆！

運氣之謎

不少人都相信有運氣這回事，而業術數者自然更為相信，甚至相信運氣好的時候，為人論命也特別準確，而在運氣不好的時候，特別容易出錯，有時甚至連信心也失去。

記得已故的「鐵板神數」名家阮間雲先生生前，就曾試過有一段時間認為自己運氣不好而閉門謝客，只是為時甚短，許多人不知道而已。

運氣，有人覺得是謎一樣的東西，來無蹤、去無跡。只是對術數有研究的人，大多能掌握到自己運氣之來與運氣之去的時間。

而客觀點來看，運強與運弱，相等於一個人旺弱的趨勢，只是不懂術數的人，無法預測到趨勢的動向而已！有人可以百尺竿頭再進一步，有人甫抵高峰立即後退，所以才有「運來鐵變金，運去金成鐵」之說。

天生天養

廣東人有一句說話「天生天養」，意思是說一個人，無論是聰明還是愚魯，總有上天安排他生存之道。

有一位極喜歡打麻將、而技術亦很精的朋友常對我說，從麻將枱上，就真的可悟到確有「天生天養」這回事。打麻將很講究運氣，並非精於此道就一定贏的。而且，同枱各人中，運氣往往是在新手那一邊。那就是說，凡初學打麻將的人，手氣必定奇佳，正是「要嗰樣有嗰樣」，手忙腳亂中就餬出大牌，使老於此道者氣結為止。

朋友的結論是，這是「人生的縮影」，新手未懂章法，上天就給他另一種補助。

否則新手場場輸，自會氣餒，麻將搭子就後繼無人云。但當他的技術漸有進步之時，手氣即漸漸退去，又由技術來補回手氣之不足。

聽來似是怪論，卻又有它的道理存在，此所以老人家常說「不可人比人，人比人就比死人」，各有前因，連打麻將這種玩意，都有這種現象，怎教人不服！

六親同運

以前的人很常說「六親同運」，亦有不少朋友問過我，是否確有這個現象。

對於「六親同運」之說，一向以來我都認為是屬於有偏差的，就算親如父子，一生所歷的運程亦無相同之理，只可以說童年時家運好，那麼童年生活就多數都好，但這最多也只限於童年時的運氣與父母的運氣有關而已。

至於另一說「夫妻同運」，則可以有較合理的解釋，而有經驗的論命者亦會發現，夫妻運程如果距離太大，譬如說妻子運程奇好，而身為丈夫者運程奇劣，那麼多有離婚的現象，反過來亦然。

以上所述只是父子、夫妻而已，但「六親」所包含的範圍甚大，而其中最近親者莫如兄弟，運氣亦每有相差極大者。

至於「六親同運」之説，據説是因為在古代，一人犯事，每可牽連九族，故有此説。但在今日社會，當無此等事情發生，理宜修正了！

財運

香港馬迷眾多，朋友中好此道者亦不少，因此，不少人問過我，中國的術數，有哪門能算出賽馬的結果。希望能在這方面進修云。

這是一個十分急功近利的問題，而我自己也不知道有哪門術數能算出賽馬的結果！至於多年前《明報》馬經版賽前的「以卦論馬」專欄，也須靠讀者本身的靈感。福至心靈，方可猜到哪匹馬會勝出。而且，卦理的玄機是暗藏的，財運如果未到，事先可能無法測出其真正的意思，但事後又每每會恍然大悟。當然亦有財運亨通者，能盡窺卦中含意，結果大有所獲，這應是「福至心靈」的結果。

而鑽研術數的人，一定都相信有財運這回事，而賽馬的贏輸，自然牽涉及財運，相信不少馬迷都會聽過以下的故事，有人打聽到一個貼士，結果輸了，但他卻因買錯了票而變了贏。而贏的時候每每加上很多巧合之事，使人無法解釋，也只好說是財運了！

天變

每逢遇到天變，如日蝕、月蝕，甚至彗星出現時，我都會接到不少朋友的電話，詢問我對吉凶看法之類。

中國在古代之時，一般人都相信「天」是有靈性的主宰，天以災異警告人君，然後看人君的處事方式來定獎懲，並一致的認為「作善，天報之以福；作不善，天報之以殃」。以前的人相信，天有日變，則人君應修之以德；天有月變，則應省刑；天有星變，則應結之以和。同時認為這樣做可以免去災禍。

而《史記》中有這樣的記載：「太上修德，其次修政，其次修救，其次修禳，正下之知。」意思是應付天象之變，最高明的辦法是修德，其次是修政，再其次是為了應急而修，更其次是求神，最下者則是甚麼也不理！

雖然今人已不相信這一套，更有指為迷信，但我卻認為這個迷信不錯，因為不管天象之變是否真的有甚麼啓示，但修德、修政、省刑等，總是好事，也給人一個檢討自己的機會。

緣

每次遇到有空難事件，有大批乘客死亡的時候，就會有人問我：「這些人的命運都相同嗎？為甚麼會同時乘搭一架飛機而死亡？」

這問題如果要答覆，其中就含有很玄的成份。而相似的命運有相似的際遇，冥冥中似有主宰，業術數的人都相信確有其事。

在本港，有一位極著名的鐵板神數大師，就私下對朋友説過有這樣的一個奇怪的現象，命運大致相似的人，會在同一天不約而同的到他那裏算命。大師論命，是要預約，但他在安排人客日期的時候，事前根本不知他們的底蘊的。但奇妙的是，每每同一天去算命的人，他們不但一生的運程與際遇十分相似，就是六親情況——如父母存亡，兄弟人數等，也是很相似的。

說來似乎迷信，宇宙間就冥冥中好像有一種力量，推使某些人相聚或分離，大家稱之為「緣」。而推使命運相似的人同赴死亡的約會，也是一種「緣」，只是不幸為同歷劫數之緣而已。

古法測謊

對於一個人說話的真假，近代發明了測謊機，但在中國的《周易繫辭》，對一個人的說話與其心態如何，早有了一套鑒定法，而在今日看來，仍有參考價值。

「將叛者，其辭慚。中心疑者，其辭枝。吉人之辭寡，躁人之辭多。誣善之人其辭游。失其守者，其辭屈。」

意思是，將行叛逆的人，他的說話多是詐僞，或者故意誓言忠誠，以掩其陰私。中心疑者，對於事物的是非不敢論定，模稜兩可，故他的說話就無一定的系統或定論。吉善之人說話少，浮躁的人說話多。誣衊好人、揑造事實者，說話多矛盾、多游移。

失其操守的人，隨聲附和，不敢堅持己見，所以他的說話就顯得有委屈或屈服於人之象。

這是古代的人綜合經驗、鑒定一個人說話真僞與心態的一套辨法。雖然沒有測謊機那樣科學化，但如加以細意揣摩，明白其真正的意義所在，對立身處世，不無補益，亦有一定的助力。

剋的真相

收到一位署名B君的讀者來信，覺得有在這裏立即答覆的必要。

江湖術士所說的「掃把星」託世，萬萬不能相信。你如果自殺，那是極愚蠢的事，你的親人並不會因為你死去而獲得解脫。

你的親人有甚麼災難，可說完全與你的命運無關。

每一個人都有自己的命運。從紫微斗數來說，每一個人都有自己的一個星盤，而這個星盤，只是顯示個人在一生之中會發生一些甚麼事，決無理由親屬間的星盤會互相產生影響的！

如果說某人會剋父母或剋妻子，那是江湖術士所說的說話。

真相應該是，某人的父母或妻子，本身的命運到某處時期已走到盡頭，在某人的星盤上只是顯示出有這種情況（純屬顯示），並非某人的命剋去父母和妻子。

你還有極美好的前途，不可聽人胡謅而徬徨絕望，一定要相信我的說話。

阿Q？

本章第一篇裏談及的完美，認為世上難有絕對完美之事。

記得某天與一眾友人茶敍，席中有一位朋友是馬會的馬主，但養馬十多年，卻未養過一匹好馬，中駟亦少，劣駟則多！

一眾友人當日笑說他欠缺養馬運，有人更取笑他不如改養其他動物，勝過廣東人說的「供死會」也！

不料此位馬主雖被朋友取笑，但他的反應卻是全不在乎的模樣，他還拈鬚微笑地說：「紫微楊都說世上無十全十美之事，那我沒有養馬運有甚麼不好？」

他直言自己事業運甚好，家庭和諧，夫妻相敬如賓，兒女事業有成及孝順，可說無憾。

他說上天如果一定要他選一樣不好之事，廣東話是「揀番樣嘢衰嘅」，則他寧願衰在養馬。因為以他的財富，養馬每個月所花的數萬元，在他來說只不過是一個小數目。朋友聽後都在莞爾而笑，但笑聲裏卻深深蘊含着人生的一大道理！

官與管

中國的術數，雖然是發明在絕對封建的皇朝時代，但其中有很多哲理，不但仍然適用於今日的社會，而且放諸四海而皆準的。

舉例來說，如：「子平命理」這門術數，就有「官星」這回事，官者管也，官星清而顯，自然是好事。官星雜出而過強，則苦矣。

這好比一個社會裏，政簡刑清，是富庶繁榮條件之一。相反的如果官吏太多，部門太多，對人民事無大小都管到，則不單只苦了人民，而社會的發展也一定受到束縛。在家庭裏，父母對子女管教過於嚴苛，甚麼事都替子女出主意，則子女長大後必然欠缺個性與創造力，亦同一理也。

結語

在前面的篇章，大部份是寫紫微斗數內所藏的人生哲理。而事實，紫微斗數的四化，除了前面所述的哲理外，其中亦包藏許多世情在內，而發明紫微斗數的人，在安排四化上，可說真正的洞識世情！而且並非如有些初學紫微斗數者，認為化祿就好，化忌就形勢不妙，而事實並非如此簡單：

現舉兩例，第一如太陽守命的人，由於太陽是主貴不主富，特別是在午宮日麗中天的時候，本身已可能是權貴，亦已富有，但在這個情況下仍然貪財的話，那就是太陽化祿，有損其貴，因此每因貪財而致禍，因太陽化祿的話，夫妻宮必見天同化忌，那就是妻子的情緒非常不安及波動。所以，既為權貴，就不宜再貪財！至理也，放諸海內外而皆準。此為星耀中不宜化祿的例子之一。

至於星曜化忌是否就一定不好呢？又如貪狼星是詩酒應酬及嗜好較多之星，它一旦化為忌星，便立即改變為喜愛運動之人，而最妙的，如貪狼是在辰宮化忌，那麼財帛宮立即見破軍化祿和祿存而疊祿，財源廣進，此化忌之遠勝於本宮貪狼化祿也！

在斗數中，有化祿好而化忌不好，但亦有化祿不好而化忌反好的，這就是要鑽研斗數相當時間才會徹底了解之事。如上例之化祿與化忌所形成之現象，可說與世情亦十分吻合也，而其中還有許多例子！此所以說斗數玄微，由此亦可見所言不虛。

附錄

紫微斗數主星徵驗

紫微星：

北斗的主星，代表帝皇的星曜，所以，十分着重文武百官的朝拱。而代表紫微星的文武百官就是左輔、右弼、天魁、天鉞、文昌、文曲、三台、八座、祿存、天馬等。都可說是吉星。

有吉星朝拱的紫微星，自然有權有勢，無惡煞會照，富貴雙全。

紫微星如果全無吉星朝拱，便相等於落難的帝皇，特別是在天羅地網宮（辰宮與戌宮），則一生的災遇會比常人多。

紫微星守命的人，多數心高氣傲及易信人言。若無吉星拱照，則性情每多孤僻或專橫，若再加有煞星拱照，則失意時更有自毀的傾向。

同時，紫微星獨坐，若無文武百官朝拱，很多時都會有出家的思想。

* * * * *

天機星：

屬南斗星，此星代表機智善變多計謀，此星守命的人，心態性急，多學多能，勤而好學。但天機星守命的人有一很奇的特點，無論從事任何行業，必有濃厚興趣去學一門與本業完全無關的東西。而給人印象多才多藝，亦多由此而致。如有吉星相持，很多時更會身兼數職。如會照天梁、天同、太陰，古有作吏人之説，今則宜在公共機關任職。

貪狼在身宮者，最怕遇到天機星化忌，是為多變和多憂多慮，奔波勞碌或嗜酒嗜賭。擎、陀、火、鈴四煞並照，則任何星曜均難以吉論，而天機星則更有壽夭之險。

* * * * *

太陽星：

性情豪爽，不拘小節，最宜入廟及日間生人，在午宮稱為日麗中天，若加上會見左輔、右弼、天魁、天鉞、文昌、文曲、祿存、天馬、化祿、化權、化科等，為極品之貴。

此星在申酉宮守命，是為黃昏的太陽，外表金光燦爛，但歷時不長，貴而不顯，富而不久，且做事每多求外觀漂亮而欠耐性，亦喜修飾儀容。

太陽守命的人更有一特點，是特別容易招怨，很多時幫助了人反而被人埋怨，化忌星時情況更為顯著。

＊　＊　＊　＊　＊

武曲星：

屬北斗星，為財帛宮的主星。

武曲星守命的人，個性剛強，處事果決。古有武曲不宜女命之說，因有婦奪夫權之象，但現在女強人輩出，已作另一種看法了。

此星最宜化祿，最怕化忌。

遇祿存及化祿均主福厚，只是私心較重。而化忌及落陷者，則困難重重，若再遇空劫或煞星而無吉星化解者，則一生常有經濟困難及事業上的極端反覆。

此星在寅宮守命，會遇廉貞星化忌守財帛宮者，則多出身軍旅或警界。

與昌、曲同纏，亦宜武職。有吉星同纏，則官階更高，掌百萬雄兵。

在卯宮立命會遇化忌及煞星者，最易見木壓雷驚之險。酉宮立命亦有意外之災。可說不宜於卯酉宮立命。如再會遇四煞及化忌，會有牢獄之災也。

而奇在此星雖屬財帛星，但不甚宜於守六親的宮度，守父母宮易見刑剋，除非有天府、天壽化解；守兄弟無緣及不睦；守夫妻宮亦易見刑剋或離婚，有吉星拱照及入廟者可免；守子女宮則子女遲得，有遲至四十歲後得子者，子女個性剛強，遇化忌及四煞，則無子。

最宜守財帛宮兼化祿，則財源廣進。化忌則破財及困難出現。

* * * * *

天同星：

屬南斗星群，是福德宮的主星。

此星由於是福星，故有不怕化忌之說，但事實卻非任何宮度都不怕化忌。舉例來說如纏亥宮化忌，兼會四煞空劫天刑等星，則刑剋孤單或極為勞碌或破相或有病災等情。

天同星守命的人心宅慈厚，謙遜而不外傲，個性耿直和聰明，亦好學。

最宜會合天梁、輔、弼、魁、鉞、昌、曲等星，福厚壽長。

在午宮立命與擎羊同度，稱為「馬頭帶箭格」，是為大將之命。

在戌宮立命，對宮有化忌正照，但兼會祿存與化祿，是為否極泰來，屬能富能貴之上格。

一般天同星守命的人，較喜過閒適的生活，欠缺開天闢地的精神，講究生活情趣和享受，但會遇煞星時，則刺激起它的鬥志。

有人說天同星會遇煞星變成有福不能享，其實亦未必盡然，只是較為勞碌，在好的方面來說會是較為積極，當然會遇四煞及各凶星者例外。

同時天同星由於有情緒化的傾向，所以守夫妻宮時，須遲婚方能白頭偕老。

* * * *

廉貞星：

屬北斗星群，是第二桃花星。

此星最宜會合天府星守命，因為廉貞星過於心硬，過於講究原則，而天府星則寬厚，兩者相遇守命，則起一個很好的調劑作用。

會遇紫微星及祿存及化祿等吉星亦吉。

最怕與七殺同宮兼遇化忌及四煞並照等，據稱有戰死沙場之險或刑戮之災。

廉貞星由於屬次桃花星，相當怕落陷及化忌，因在這種情況下，容易於沉迷酒色而致禍。

廉貞與七殺在未宮同度，或廉貞在申而七殺在午，古稱「雄宿乾元」格。是以廉貞的陰火與七殺之金相制為用。此說近乎子平命理之所謂金喜火煉而成器。

廉貞星是一顆變化頗大之星曜，所以會遇吉星與會遇凶星，吉凶相距之程度極大。同時流年遇到廉貞七殺，極不宜遠行，在《太微賦》中有「廉貞七殺同路，路上埋屍」之說。

而廉貞七殺則只有在丑未宮可以同宮，在辰戌宮則為同度，而命盤中在辰或戌或丑或未宮廉貞七殺相會照的人不少，所以有人說在辰戌丑未年，交通意外事故特多，證諸丙戌年，可加驗證。當然其間須分別一下是遇到吉星或凶星或廉貞是否化忌等。

* * * * *

天府星：

是南斗的主星，屬於財庫的星曜。

此星最喜會照六吉星與天相星及武曲星，稱為君臣相會，主大富大貴。

一般的星曜，大多是怕走進天羅地網宮（辰宮及戌宮），但天府星就例外，在辰戌宮如果會照到六吉星，無論從商或從政，都能出人頭地。

天府星守命的人個性忠厚，心地善良，而且擅於排難解紛。

但天府星亦怕走入陷官，若無吉星會照及兼遇四煞的話，那麼為人就變成奸險陰詐了。

此星守兄弟宮，不遇四煞忌星及空劫等，一般都是兄弟眾多，可判五人以上。

而且此星入於六親的宮度，都作吉論，可說與武曲星有極大的分別。

* * * * *

太陰星：

亦即月亮。

此星守命的人，有一個特殊的現象，是喜夜生人及月圓之夜生人。若屬日間生人，則打一頗大折扣。

太陰主富，主藏、主靜，所以形於人，就變成性情內向，聰明而有心計，外表端莊凝重。但若會照四煞及忌星空劫等凶星，其心計就轉變為狠毒的陰謀，亦喜酒色。

此星與其他星曜一樣，同樣喜會照祿、科、權等吉星。

此星亦怕化忌，化忌則主多憂慮或失眠等情。

亦宜守六親的宮度，但卻不宜與天機星同守。如守兄弟宮，在廟宮可有五人，但天機同度則變為只有二人；守夫妻宮則宜小配；守子女宮本來是女多子少，但入廟則主生貴子，有五胎以上，與天機星同度則只有二子送終；守父母宮亦無刑剋，但天機星同度則易早離父母，所以，太陰有天機同度，宜細心端詳。

＊　＊　＊　＊　＊

貪狼星：

屬北斗星，第一桃花星。

貪狼星守命的人一般都是屬於個性圓滑，為人八面玲瓏，且多嗜好。

此星與其他星曜一樣，同樣喜會吉曜及祿科權等星，但會惡煞則主貪花戀色，或好酒色財氣及賭博等事。

貪狼星如果化為祿星，兼會火星或鈴星，稱為大貪格，一生多意外之財。

貪狼星在亥子宮稱為泛水桃花，在寅宮與陀羅同度稱為風流彩杖。二者均有風流自賞或貪色的趨勢，亦主因色而有災，但以會照煞星為嚴重。

貪狼星在天羅地網宮（辰戌宮），對宮有武曲會照，有先貧後富之說，要三十歲後方能發達。

此星之形於人的外形，變化最大，入廟者身軀高大，落陷者則形小。但毛髮多屬濃者。

舉例來說在巳宮，必有廉貞同宮，則多屬形小者。在亥宮亦屬形小，但較肥胖。在辰宮，則必然身材高大。

此星守命的人有一個特點是好施小惠予人。更有化敵為友的力量。到任何地方做事，遇到敵對者，相處日久亦可變為朋友。

申子辰年生人立命子宮；寅午戌年生人立命午宮；亥卯未年生人立命卯宮，巳酉丑年生人立命酉宮。均屬性情貪小利或有偷竊狂的傾向，吉星拱照，情況減輕；凶星拱照，情況加重。

貪狼星在五行屬陽木，所以在寅宮相似於子平命理的身旺再逢身旺之說，風流聰明和活躍，在此宮守命，最怕四煞拱照，易有牢獄之災。

在午宮號稱木火通明，主人多計謀。

在申宮號稱木逢金制，既能流芳百世亦能遺臭萬年，端視三方四正的星曜是吉星或凶星而定。

同時，此星守六親的宮度，變化頗大，要看三方四正的星曜方能定奪。

守兄弟宮會照吉星，兄弟和睦，反之則不和，與廉貞同宮，則孤單或不和。

守夫妻宮則以遲婚或婚前曾遇波折為佳，而且貪狼星守夫妻宮有一很奇怪的現象，且每多應驗者。是配偶在初認識時並無感情，分開一段時間後再相逢時，感情然後萌生，最終結為夫婦。

守子女宮會吉星者三人以上，與紫微同度則極遲才有子女，化忌星則子女多病災。

守父母宮如果化為忌星，兼會紅鸞、天喜、廉貞、咸池、天刑等星則每多為庶出。

＊　＊　＊　＊　＊

巨門星：

屬北斗星，稱為暗曜，主是非的星曜。故必須會照太陽，方能消除暗氣。

此星守命的人每多有口才，能急辯，富正義感。亦與其他星曜一樣，喜會遇祿科權等吉星，但相當怕化為忌星，因化為忌星則主是非滿天，更怕化忌之後會照四煞等凶星而無吉星化解，則有投河服毒輕生的情況發生。

以理論來說，巨門星最宜在戌宮立命。因為巨門星在戌宮，太陽必在午宮，是為日麗中天，太陽以最強之威力來消除巨門星的暗氣。

還有一說巨門星在辰宮與文昌同纏，辛年出生，巨門化祿文昌化忌最為奇格，所採的理論是對宮天同福星化和忌星之惡為用，這點理論頗似子平命理之化殺為權。

在子午二宮則名為「石中隱玉」，會照吉星富貴雙全，但不宜鋒芒太露或走頂峰，否則容易遇到眾叛親離之事。

在寅申二宮亦吉，會照吉曜，名利雙收。

此星由於主是非口舌，所以亦不甚宜落於六親的宮度。落於兄弟宮容易兄弟不和，落於夫妻宮多口舌之爭，落於子女宮則遲得為宜，落於父母宮則父與母常有口舌之爭。遇凶星化忌兼與天機同度，則會重拜父母。

＊　＊　＊　＊　＊

天相星：

屬南斗星，稱為印星，是一顆能善能惡的星曜，所以很難說它是吉星或凶星，端視三方四正遇到甚麼星曜而定，遇到吉星拱照，它就是吉星；遇到惡煞拱照，它就是凶星。

同時此星並不參與四化，吉凶完全由會照到的星曜而定。

此星守命的人，語言謹慎，有正義感，有宗教信仰，喜修行亦富同情心。

此星由於善惡無定，所以比任何星曜更須吉星的拱照。不單只須有吉星拱照，而夾宮的星曜影響亦大，左右有天梁及化祿夾拱，稱為「財蔭夾印」，左右有化忌星及擎羊夾拱，稱為「刑忌夾印」，前者福厚，後者有牢獄之災，可見影響之大。

此星一般情況下頗宜於六親的宮度，但有一頗為徵驗的特點，是此星守夫妻宮時有「親上加親」之說，在以前古代封建社會，人際關係不廣，則多屬表兄妹結婚。但在今日的社會，則每多為青梅竹馬的朋友或同學或鄰居等結婚，但多少仍存有「親上加親」的意味。

紫微閒話

*　　*　　*　　*　　*

天梁星：

屬南斗星，主壽，稱為蔭星。

此星守命的人每多具有夙慧，有名士風味，既多有宗教信仰，亦喜哲學、文藝等工作。若與天機同度，則許多時會有出世之想。

天梁星由於是屬於清官的星曜，所以，它與其他星曜有一頗為不同之特點，是不宜與財星同纏，會照則可，特別是在午宮為然，易遭人怨，少人緣。

此星頗多特點，由於是蔭星，屬於逢凶化吉的星曜。但它的逢凶化吉與紫微、解神等的吉星逢凶化吉不同，紫微等的逢凶化吉是在不知不覺間，可以說在過後才驚悉當時的驚險者。但天梁星的逢凶化吉，則要使遇事者在極其危險關頭才出手施救，是為不逢凶不足以顯示其呈祥力量的星曜。

此星最怕會照到擎羊、陀羅、天刑這三顆煞星，一生中必有一次九死一生的危險，而且多數發生在巳酉丑年。但最特別的是一定不會致命，只是特別的驚險而已。見過有此星在這種情況守命的人，就曾在飛機失事中，全機人死亡，只有他一人生還，驚險程度可見一斑。

此星守命的人，儘管遇到凶星會有驚險，但因為本身是壽星，故多長壽。

而更特別的，天梁星在巳宮是為陷宮，在這宮度守命的人，每多負有特殊任務，或身兼數職；身為間諜者，多在此宮守命。

天梁星是吉星蔭星，所以頗宜於六親的宮度，但落於夫妻宮，則每多長配，如配偶比自己年長者，是亦為「蔭」之作用也。

* * * * *

七殺星：

屬南斗星，是為權星。

是紫微斗數中屬於大將的星曜，它並不參與四化，所以極須吉星拱照，更怕四煞與凶星會照。

此星守命的人有一特點，是頗能領導眾人工作，十分有領導能力，所以，除了吉星拱照可為將材之外，則宜於工廠實業，極不宜投機事業，會照空劫大耗，投機更有傾家之險。

而此星守命的人，對貧苦的親戚多有照顧之心，但其本身，在一生中必會遭遇一次頗大之困難或事業完全停頓不前，停頓之時間長短，則須視乎三方四正是吉星還是凶星會照而定。

在六親的宮度，此星守兄弟宮而會照左輔右弼，必然兄弟眾多。

守夫妻宮則配偶有獨立處事的能力，甚至是可以獨當一面的工作，男女俱然。但極不宜會照四煞及化忌等，特別在卯酉宮為然，易成為凶終隙末。

守子女宮則子女遲得，若在卯酉二宮，得子更遲，同樣不宜會照四煞及忌星等。

守父母宮則有早年棄祖離家之象，亦主刑剋，有紫微或吉曜同度或會照可免。

* * * * *

破軍星：

屬北斗星，是屬於衝鋒陷陣的星曜，有去舊更新的意思。

此星守命的人，在相貌身材上有一特點，是兩眉相距較遠，亦即所謂眉寬，同時背肌比常人為厚。

由於破軍星是衝鋒陷陣的星曜，所以必須後援接濟無虞，故此化祿對此星就形成特別重要。同時此星最怕落在天羅地網（辰宮戌宮）的宮度，一生人的風浪極大，且有不尋常的災遇或有拖延時間甚長的疾病。

最宜在子午宮立命，有祿科權而無惡煞會照者，福澤甚厚，既為國家之棟樑，又可為聲望極高之儒將。

化祿與武曲同度在巳宮，則為威震邊疆之將領。在亥宮則較次。

破軍星在寅申宮立命，多屬性情倔強，幼年即棄祖離家者。而且在寅申宮立命，必然是紫微星守夫妻宮，這方面就得好好研究，是會吉星還是凶星，因為既有終身不娶不嫁者，亦有兩度花燭及再嫁者。

此星守夫妻宮更有一特點，古有「非禮成婚」之說，亦即今日之所謂「同居」也，或先同居而後結婚，或先有關係而後結婚等情。

臨兄弟宮則主兄弟志向不同或分居等，本身多為長子。

臨子女宮則長子易有破相或子女分離等情。

臨父母宮則最怕有武曲或廉貞同度，均主刑傷，與紫微同宮及吉曜拱照，可免刑剋。

以上諸星均屬紫微斗數的大星，所論都有一定之徵驗與準確性，讀者可作參考。

紫微楊

寫於乙丑孟冬

重訂於己亥初春

天地
www.cosmosbooks.com.hk

書　　名　紫微閒話
作　　者　紫微楊
責任編輯　郭坤輝
美術編輯　楊曉林
出　　版　天地圖書有限公司
香港皇后大道東109-115號
智群商業中心15字樓（總寫字樓）
電話：2528 3671 傳真：2865 2609
香港灣仔莊士敦道30號地庫／1樓（門市部）
電話：2865 0708 傳真：2861 1541
印　　刷　美雅印刷製本有限公司
香港九龍官塘榮業街 6 號海濱工業大廈4字樓A室
電話：2342 0109　傳真：2790 3614
發　　行　香港聯合書刊物流有限公司
香港新界大埔汀麗路36號中華商務印刷大廈3字樓
電話：2150 2100 傳真：2407 3062
出版日期　2019年4月 初版・香港

ISBN : 978-988-8547-60-9